どんぐり 落ち葉 まつぼっくり 製作BOOK

はじめに

秋、各園では季節の実りや彩りを生かした遊びや製作がされます。中でもどんぐりは子どもの大好きな自然の贈り物です。その親しみやすさとは裏腹に、どんぐりの加工はとても難しいといわれます。市販されるどんぐり工作の本には、おしり(へそ)に穴をあける加工を紹介しているものが少なくありません。実際にやってみると大人でも難しく、乾燥しきったどんぐりは、電気工具でも手を焼くほど硬く扱いづらい素材といえます。こんなどんぐりは、先端の突起を取り除くだけで加工せず、つるっとした表皮の感触のよさやどんぐり同士が当たって奏でる音色を味わうようにすれば、これ以上のものがないと思うほど魅力的なものに早変わりします。他方、落ちて間もないどんぐりを使えばとても軟らかく、側面であれば、子どもでも簡単に穴をあけることができる製作に好適な材料になります。

自然を相手にする遊びやもの作りは、自然のよ
することで初めて私たちの思いにこたえてくれ
たどんぐりの製作の問題点を見直し、簡単に楽
数紹介しました。本書を活用してステキな秋の
遊びや製作を楽しんでいただければ幸いです。

この本は

どんぐり、落ち葉、まつぼっくりで遊び尽くすための
アイディアをたっぷり紹介した本です。
製作からその場でできる遊び、作品展に生かすヒントまで盛りだくさん。

① 製作いっぱい

作って飾れる、作って遊べる製作を
たくさん紹介します。

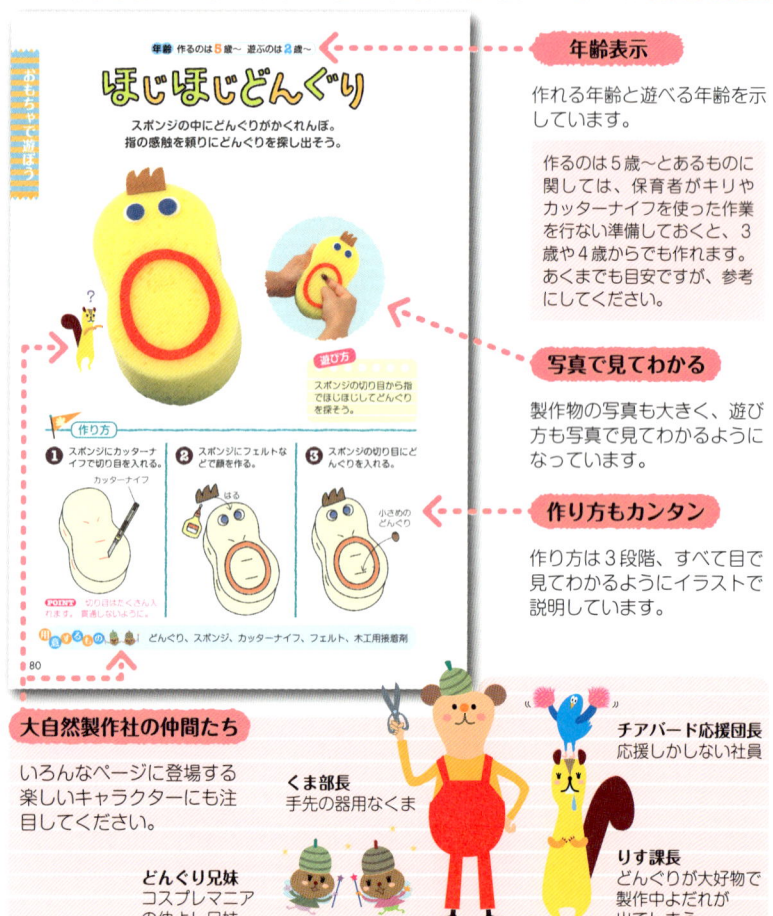

年齢表示

作れる年齢と遊べる年齢を示しています。

> 作るのは5歳〜とあるものに関しては、保育者がキリやカッターナイフを使った作業を行ない準備しておくと、3歳や4歳からでも作れます。あくまでも目安ですが、参考にしてください。

写真で見てわかる

製作物の写真も大きく、遊び方も写真で見てわかるようになっています。

作り方もカンタン

作り方は3段階、すべて目で見てわかるようにイラストで説明しています。

大自然製作社の仲間たち

いろんなページに登場する楽しいキャラクターにも注目してください。

どんぐり兄妹
コスプレマニアの仲よし兄妹

くま部長
手先の器用なくま

チアバード応援団長
応援しかしない社員

りす課長
どんぐりが大好物で製作中よだれが出てしまう

② すぐできる遊びも

どんぐりや落ち葉を使って、準備なしですぐにできる遊びも載っています。

楽しいイラスト

ぜんぶイラストで、見ていても楽しくイメージしやすい構成になっています。

遊び

紹介している遊びは子どもたちの発想でどんどん広がるものばかりです。

③ 作品展にも

製作して飾って遊んで、作品展にも！
作品展成功の秘訣をイラストとともに解説。

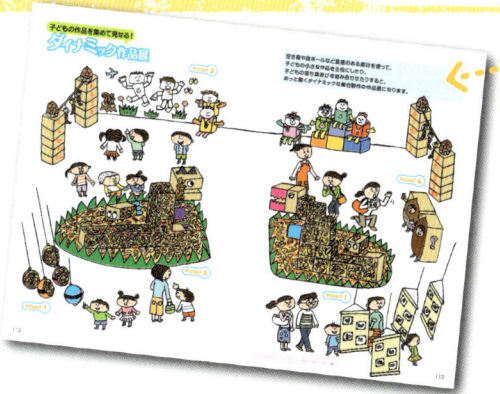

アイディアいっぱい

作品展の風景を見開きいっぱいのイラストで。それぞれのテーマごとに展示の工夫や作品のチョイスなども見て取れるのでアイディアいっぱいのページです。

ポイントも

各テーマの作品展の成功の鍵を握るポイントをイラストとともにまとめています。

作品展成功のための4箇条、チェック項目も！

どんぐり・落ち葉・まつぼっくりで遊び尽くしましょう！

CONTENTS

- 1 はじめに
- 2 この本は

秋の自然にふれよう

- 8 どんぐりミニ図鑑
- 10 落ち葉ミニ図鑑
- 12 製作の準備　[どんぐり編・落ち葉編・まつぼっくり編]
- 16 製作方法 虎の巻！
- 18 製作便利グッズ

製作を楽しもう

🌷 人形
- 20 どんぐり動物村
- 24 どんぐり関
- 25 どんぐりこけし
- 26 どんぐりおひなさま
- 28 どんぐり怪獣
- 30 どんぐり星人
- 31 モンキーどんぐり

🌷 作品
- 32 落ち葉 de おえかき
- 34 落ち葉のおばけ面
- 35 落ち葉のちぎり絵
- 36 落ち葉の写し絵
- 37 落ち葉のステンドグラス
- 38 どんぐりペン
- 39 木の実氷
- 40 フェイスアート

🌷 保育室飾り
- 42 どんぐりカモメのモビール
- 43 ゆらゆらみのむしくん
- 44 落ち葉のれん
- 45 木の実ネームプレート
- 46 どんぐりカレンダー
- 47 どんぐりピン
- 48 クリスマスリース

🌷 プレゼント

- 50　どんぐり花束
- 51　メッセージどんぐり
- 52　どんぐりマグネット
- 53　ラブラブどんぐり
- 54　どんぐりマスコット
- 55　どんぐりペンたて
- 56　フォトフレーム
- 57　森のおくりもの

🌷 お菓子

- 58　お菓子いっぱい
- 60　どんぐりカップケーキ
- 61　どんぐりバウム
- 62　ホントに焼き焼きお菓子
- 63　ふわふわスポンジケーキ
- 64　アースケーキ

🌷 アクセサリー

- 66　ネックレス
- 68　指輪
- 70　ブローチ
- 71　イヤリング
- 72　ティアラ・ブレスレット

おもちゃで遊ぼう

- 74　どんぐりごま
- 75　どんぐり笛
- 76　やじろべえ
- 77　でんでんだいこ
- 78　どんぐりマラカス
- 79　とんとんずもう
- 80　ほじほじどんぐり
- 81　あいさつぼっくり
- 82　どんぐりコプター
- 83　ぼっくりパラシュート
- 84　どんぐり落とし
- 85　コロコロどんぐり
- 86　どんぐりボウリング
- 87　どんぐり迷路
- 88　ぺたんカー
- 89　クルキャッチ
- 90　立体コリント
- 91　ゆらゆらどんぐりタワー
- 92　キャッチぼっくり
- 93　ぼっくりけん玉
- 94　ぼっくり釣り
- 95　落ち葉ジャイロ
- 96　落ち葉万華鏡
- 97　落ち葉 de 絵合わせ
- 98　ドキドキすごろく

CONTENTS

その場で遊ぼう

102 園庭
どんぐり着地ゲーム
落ち葉じゃんけん
落ち葉飛ばし
落ち葉かけっこ
どんぐりつき
大きさ比べ

104 森
葉っぱキャッチ
落ち葉シャワー
どんぐりどーっちだ？
じゃらじゃらどんぐり
落ち葉つみつみ競争
どんぐり探し

106 広場
どんぐり当て
落ち葉マジック
どんぐりサバイバルゲーム
どんぐり隠し
どんぐりのせのせ競争
どんぐり仲間合わせ

108 並木道
落ち葉踏み
的当てどんぐり
落ち葉どんぐり競争

作品展に生かすヒント＆ポイント

110 作品展を成功させるために
作品展成功のための4箇条
アクティブ作品展のためチェック項目
112 ダイナミック作品展
114 ダイナミック作品展のポイント
116 ミュージアム作品展
118 ミュージアム作品展のポイント
120 製作体験作品展
122 製作体験作品展のポイント
124 ゲーム作品展
126 ゲーム作品展のポイント

秋の自然にふれよう

ここではどんぐりなどのミニ図鑑や、
製作前の準備、製作の基本や便利グッズなど、
役だつ情報をまとめています。

どんぐりミニ図鑑 (ほぼ実寸大)

どんぐりはブナ科の植物の木の実のことをいいます。
冬に葉を落とす落葉樹と、
冬になっても緑の葉を付けている常緑樹の2種類があり、
その中でも、どんぐりが1年で実るもの、
2年かかって実るものの2種類があります。

落葉樹 ●冬に葉を落とす

1年でどんぐりができる

ミズナラ

コナラ

カシワ

2年でどんぐりができる

クヌギ

アベマキ

常緑樹
●冬になっても葉を付けている

1年でどんぐりができる

シラカシ

アラカシ

2年でどんぐりができる

ウラジロガシ

マテバシイ

スダジイ

ウバメガシ

どんぐりの
各部位の名称

どんぐりは帽子のようなものをかぶっています。これは、殻斗というものです。
また殻斗の取れたところをへそまたはしりといいます。

へそ(しり)

殻斗(かくと)

落ち葉ミニ図鑑 (ほぼ2分の1の大きさ)

紅葉には、赤や黄色、褐色に変わるものがありますが、
刻々と変化する1枚の葉っぱの中に見られる色の多彩さは、
色彩の小宇宙といえるほどすばらしいものです。
ここで紹介している落ち葉以外にもステキな色の落ち葉を探してみましょう。

イチョウ

セイヨウハコヤナギ（ポプラ）

トウカエデ

カツラ

ユリノキ

製作の準備 どんぐり編

まず どんぐりを拾ってきたら…

加工せずに
そのまま使う・
保存する

洗う

どんぐりを拾ってきたらまず、洗剤を入れた水で洗います。どんぐりの汚れが取れ、つやが出ます。

★加工せずにそのまま使う・
　保存する場合は ➡ へ
★穴をあけるなど
　加工する場合は ➡ へ

※どんぐりの先端をハサミで切り取っておくと、けがが防げます。

※中の実がカラカラと鳴るものは乾燥しているので、加工には適しません。

穴をあけるなど加工する

すぐ使わない　　　　　　　　　　すぐ使う

湿らせておく

すぐに使わないときは、中の実が乾燥して硬くならないように、どんぐりを湿らせて置いておきます。

湿らせた新聞紙
どんぐり

製作開始

ゆでずに洗剤で洗っただけのものをそのまま使います。

モンキーどんぐり
(P.31)もラクラク！

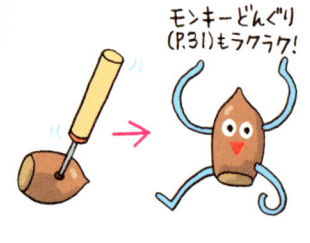

※加工するときは穴のあいていないどんぐりを使いましょう。

ゆでる

どんぐりを30分ほど熱湯でゆでます。

熱湯で約30分

※どんぐりをゆでる代わりに、冷凍庫に1〜2日ほど入れて凍らせたものを乾燥させてもよい。

乾燥させる

ゆでたどんぐりは十分に乾燥させます。

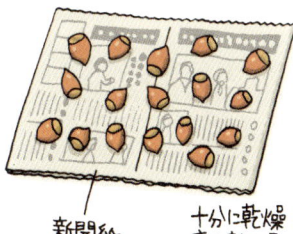

新聞紙　　十分に乾燥させましょう

※どんぐりの実が十分に乾燥したら中の実が小さくなって、どんぐりを振ると中の実が踊ってとっても心地良いです。感覚遊びにぴったり！

製作開始

乾燥したらどんぐりを使っていろいろな製作や遊びに使いましょう。

保存する

空き箱などに入れて保存しましょう。

 ## 穴のあいたどんぐりは…

穴の中からゾウムシなどの小さな虫が出ることがあるので、観察用に使ったり、穴を生かした製作に効果的に使う以外は、分けておきましょう。

穴のあいたどんぐりはゾウムシの幼虫のしわざ

ゾウムシ

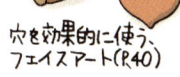

穴を効果的に使う、フェイスアート（P.40）

製作の準備 落ち葉編

落ち葉を拾ってきたら…

まず

水で洗う

落ち葉を拾ってきたら表面を水で洗います。
乾燥すると色が変わりやすいので、水に浮かせておきます。

※カラカラに乾いた落ち葉はそのまま使いましょう。

製作開始

使う少し前に水分を切って、表面を乾燥させて使います。

押し葉にする

落ち葉を新聞紙で挟み、分厚く重たい本を乗せておもしをします。落ち葉が乾いたら完成。

きれいな色のまま保存するには…

きれいな色の落ち葉は、スキャナーでデータを保存したり、カラーコピーなどで秋の色を写し取っておきましょう。落ち葉が少ないときには、カラーコピーで増やして使うこともできます。

製作の準備 まつぼっくり編

 まず まつぼっくりを拾ってきたら…

きれいにする

なるべく土や泥の付いていないきれいなまつぼっくりを拾うようにしましょう。土などが付いていたら使い古した歯ブラシなどで土を落としましょう。

※トゲはペンチかニッパーで取り除いておくと安心です。

製作開始

まつぼっくりを使っていろいろな製作を楽しみましょう。

※保存する場合は空き箱に入れて置いておきましょう。

どんぐり・落ち葉・まつぼっくり
採集BAGを作ろう

❶ よく洗って乾かした牛乳パックの上端を切り、4つの角を縦に切る。

❷ 切った側面の3つを内側に折り、1つはふたつ折りにする。

※折り込むことで中身が飛び出さないよ。

❸ ふたつ折りにした側面にパンチで穴をあけ、ひもを通す。名前シールなどをはれば、完成。

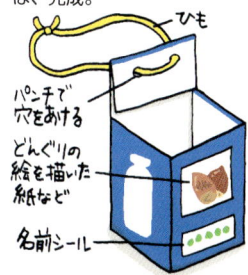

製作方法 虎の巻！

どんぐりに穴をあけたいとき

① 鉛筆を持つようにキリを持ち、どんぐりをしっかり手に持って、穴をあけたい位置にキリの先を当て、キリを左右に回して小さな穴を作る。

② キリを図のように持ち替えて、手の平で押すようにしながら手首を左右に回す。

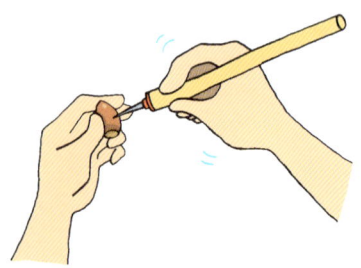

★PONT★
強くキリを押すとどんぐりが割れてしまうので、強く押さずに、左右の回転を速くする。

どんぐりに穴を貫通させたいとき

① 反対側にキリの先が出るまで、キリを左右に動かす。

② キリの先が出たら、反対の穴からキリを差して回し、穴の大きさをそろえる。

キリの扱いがうまくいかない場合は

大きめの油粘土や発泡スチロールの中に深く埋め込んで、固定して穴をあけると安全。

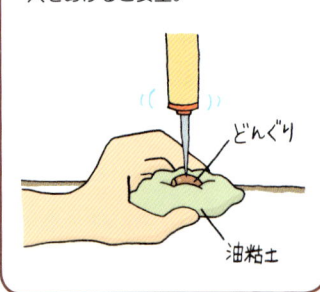

どんぐりに大きな穴をあけたいとき

1 紙やすりを机に置いて、どんぐりをしっかり手に持ってどんぐりの側面をこする。

2 どんぐりの表皮が白くなり薄くなってきたら、くぎで穴をあけ、くぎの先と頭の部分を使って、中の実を根気強くかき出す。

※穴をあけた縁は、くぎにやすり（できれば200番前後の細かいもの。なければ、①で使ったやすり。目の粗い場合はやすりの裏）を巻き付けて、縁を慎重にこすろう。

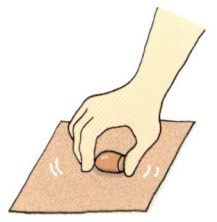

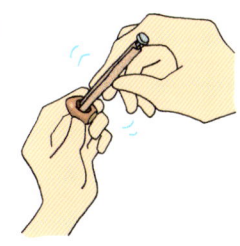

どんぐり同士をつなげたいとき

1 短く切ったモールにたっぷりの木工用接着剤を付け、キリで穴をあけたどんぐりに差し込む。

2 残りのモールにも接着剤を付け、もう片方のどんぐりの穴に差し込み、乾燥させる。

※どんぐりの表面をやすりでこすり、平らになった面同士を木工用接着剤で付けてもよい。

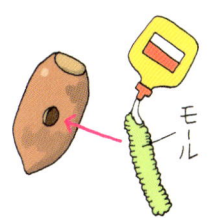
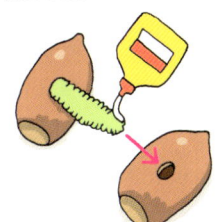
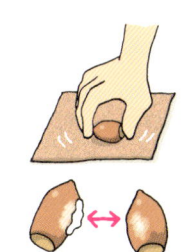

どんぐりを平面に付けたいとき

どんぐりがくっつきやすい面になるように工夫しましょう。
例えば、ベニヤ板などの平らな面に強引に付けようとしても、うまくいきません。そんなときには、
①平らな面に、麻や綿などの布地をはり、
②どんぐりの表面をやすりで削り、平らな面を作る
などの工夫を重ねて木工用接着剤で接着するようにしましょう。

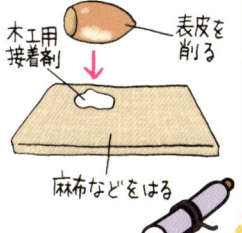

製作便利グッズ

キリ
（四方キリ（小）がおすすめ）

どんぐりに穴をあけるための必須アイテム。どんぐりのおしりの部分ではなく、側面にあけるようにするとあけやすい。ホームセンターで入手可能。

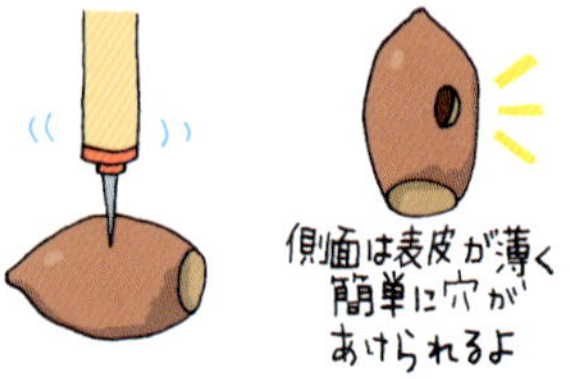

側面は表皮が薄く簡単に穴があけられるよ

やすり

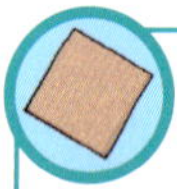

紙やすりは、目の粗さで番号が違う（番号が大きくなるほど目が細かくなる）。どんぐりの製作のときには、100番前後がおすすめ。

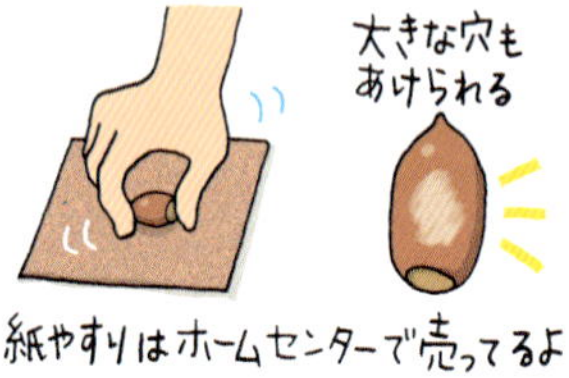

大きな穴もあけられる

紙やすりはホームセンターで売ってるよ

モール

どんぐり同士をくっつけたいときに大活躍！　太いものがおすすめ。キラキラモールは接着剤が付きにくいので不適。

1本で太さの違うモールはどんぐりカモメのモビール(P.42)の羽根にも使える便利グッズ

接着剤（木工用接着剤）

どんぐりを付けるときに使う。

※製作物をすぐ直さなくてはならないときなどは、瞬間接着剤やホットボンドが便利。これは、必ず保育者が使う緊急または最後の手段。

ラブラブどんぐりの完成

釘

どんぐりの穴を大きくしたり、どんぐりの実を取り出したりするときに便利な道具。32㎜がおすすめ。

ヒートン

どんぐりにねじ込みひもを掛けたりすることもできる。ねじ込むのが少し難しいのがたまにキズ。

スキャナー・カラープリンター

きれいな落ち葉の色を保存して後で再利用したり、みんなで共有したりするときに便利なマシン。

製作を楽しもう

どんぐりで作るかわいい人形や
落ち葉を使ったアート作品、
保育室飾り、プレゼント、
ごっこ遊びで使えるものなど
作って楽しい、飾ってかわいい、
もらってうれしい製作を
たっぷり紹介します。

製作を楽しもう 人形

年齢 作るのは5歳〜 遊ぶのは3歳〜

どんぐり動物村

どんぐりにクリクリお目々や手足を付けたら
どんぐりの動物たちのでき上がり。

どんぐりネコ（P.22）

どんぐりハリネズミ（P.23）

製作を楽しもう 人形

どんぐりリス（P.23）

どんぐりネズミ（P.22）

どんぐり動物村の動物たちの作り方

どんぐりネコ

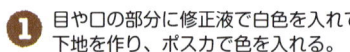

作り方

① 目や口の部分に修正液で白色を入れて下地を作り、ポスカで色を入れる。

② 耳やしっぽの形に切ったマスキングテープを付ける。

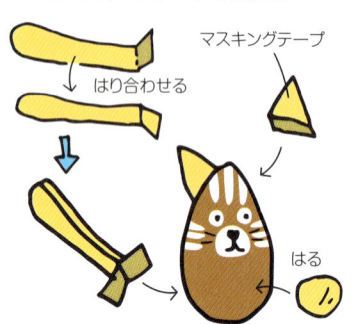

用意するもの　どんぐり、修正液、ポスカ(水性顔料マーカー)、マスキングテープや紙テープ、ハサミ

どんぐりネズミ

作り方

① 目や口の部分に修正液で白色を入れ、ポスカで色を入れる。

② 木製ビーズで耳を、マスキングテープでしっぽなどを作って付ける。

　どんぐり、修正液、ポスカ(水性顔料マーカー)、マスキングテープや紙テープ、ハサミ、木製ビーズ、木工用接着剤

P.20-21の動物たちの作り方です。そのほかのどんぐり村の仲間たちも、このページの作り方を参考にして作ってみましょう。オリジナル動物を考えてみるのも楽しいですね。

製作を楽しもう 🌷 人形

どんぐりハリネズミ

🚩 作り方

① 目や口の部分に修正液で白色を入れ、ポスカで色を入れる。

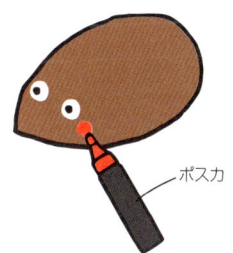

② つまようじで針を作り、マスキングテープで耳、木製ビーズで足を作って付ける。

木工用接着剤で付ける

用意するもの　どんぐり、修正液、ポスカ（水性顔料マーカー）、マスキングテープや紙テープ、ハサミ、木製ビーズ、木工用接着剤、つまようじ

どんぐりリス

🚩 作り方

① どんぐりにキリで穴をあけて接続部分を作り、ポスカで顔などを描く。

② モールに木工用接着剤を付けて穴に差し込み、胴体に頭やしっぽを付ける。

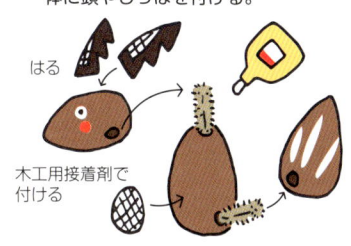

はる

木工用接着剤で付ける

③ マスキングテープで耳などを付けて完成。

用意するもの　どんぐり、修正液、ポスカ（水性顔料マーカー）、キリ、モール、木工用接着剤、マスキングテープや紙テープ、ハサミ

製作を楽しもう　人形

年齢　作るのは **5歳〜**　遊ぶのは **4歳〜**

どんぐり関

「はっけよーい、のこった！　のこった！」
とっても強くてかっこいいどんぐりの力士を作ってみましょう。

🚩 作り方

❶ 修正液で白色の下地を入れ、ポスカで色を入れる。

ポスカ

❷ マッチ棒の軸で手やまげを作る。行司の軍配などは色画用紙で作る。

POINT　難しければ、手の部分はどんぐりの側面に穴をあけて木工用接着剤を付けたモールを差し込もう。

用意するもの  どんぐり、修正液、ポスカ(水性顔料マーカー)、マッチの軸、木工用接着剤、色画用紙、ハサミ

年齢 作るのは **4**歳〜 遊ぶのは **3**歳〜

どんぐりこけし

大きなこけし、小さなこけし、こけしの表情や色を変えて
オリジナルこけし作りを楽しみましょう。

おしろいこけし　　トーテムどんぐり　　おかっぱどんぐり　　ベビーどんぐり

作り方

おかっぱどんぐり

修正液→ポスカの順でほおを描き、目や髪の部分に色を入れるとおかっぱどんぐりの完成。

油性フェルトペン
ポスカ

ベビーどんぐり

割れたどんぐりの殻を部分的につめ切りなどで切り取り、どんぐりの実に目や口を描く。

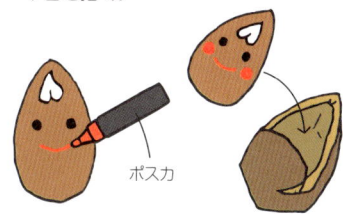

ポスカ

おしろいこけしやトーテムどんぐり、ほかにもオリジナルこけしを作ってみてください。

 どんぐり、割れたどんぐり（実、殻）、つめ切り、修正液、ポスカ（水性顔料マーカー）、油性フェルトペン

製作を楽しもう / 人形

年齢 作るのは **4**歳〜

どんぐりおひなさま

どんぐりを顔に見たてたどんぐりひな人形を飾ると
とってもかわいいですよ。

ふうせんびな

（作り方）

❶ どんぐりにキリで穴を
あけ、好きな顔を描く。

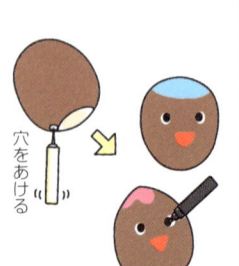

❷ 木工用接着剤を付けた
モールをどんぐりに差
し込む。

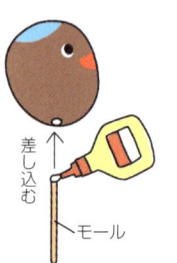

❸ 千代紙で折った紙風船
の穴に、②を差し込む。

POINT 紙風船に直接どんぐ
りを付けてもよい。

用意するもの　どんぐり、キリ、修正液、ポスカ（水性顔料マーカー）、モール、
木工用接着剤、千代紙、色紙、のり、ハサミ

製作を楽しもう

人形

かざりびな

① どんぐりに好きな顔を描いて、色紙で冠や烏帽子を付ける。

② 千代紙で作った着物を着せる。

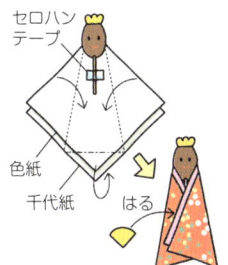

③ 紙皿にひな人形を付け、周りを飾ってリボンを掛ければ完成。

用意するもの どんぐり、キリ、モール、木工用接着剤、修正液、ポスカ（水性顔料マーカー）、色紙、ハサミ、千代紙、セロハンテープ、紙皿、フェルトペン、穴あけパンチ、リボン

27

製作を楽しもう 人形

年齢 作るのは **3歳〜** 遊ぶのは **3歳〜**

どんぐり怪獣

どんぐりの虫穴からどんな生き物が生まれるか想像して、おもしろ怪獣を作りましょう。

ドンギラス

ドングリン

ボックリウス

ドンギラス

作り方

① 紙粘土で頭や胴体を作る。

② どんぐりやどんぐりの帽子で目やとさかを作る。

小枝 / どんぐりの帽子

③ 頭と胴体を木の枝で合体させる。

小枝 / 差す

用意するもの 紙粘土、木工用接着剤、どんぐりやどんぐりの帽子、小枝

ドングリン

① 紙粘土を転がし先を細くする。

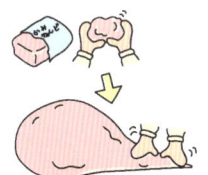

② 落ち葉や小枝で顔や手足を作る。

紙粘土 / 差す / 小枝

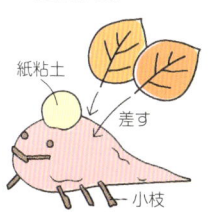

③ どんぐりの虫穴と粘土の先を針金でつなぐ。

針金 / 差す

用意するもの 虫穴のあるどんぐり、カラー紙粘土、小枝、落ち葉、針金

ボックリウス

① 色画用紙で作った目や口を付け、胴体にはモールで足を付ける。

はる / モールをねじり両端を巻く

② 紙粘土でまつぼっくり同士をくっつける。

紙粘土

③ 紙粘土を細くして、針金でどんぐりとつなぐ。

紙粘土 / 差す

用意するもの 虫穴のあるどんぐり、まつぼっくり、モール、紙粘土、色画用紙、ハサミ、木工用接着剤、針金

製作を楽しもう

人形

29

製作を楽しもう

人形

年齢 作るのは **4**歳〜　遊ぶのは **3**歳〜

どんぐり星人

木片とどんぐりを組み合わせて、どんぐり星人のでき上がり。
どんな星人ができるかな？

作り方

❶ どんぐりと木片にキリで穴をあける。

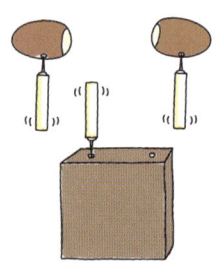

❷ どんぐりと木片をモールでつなぐ。

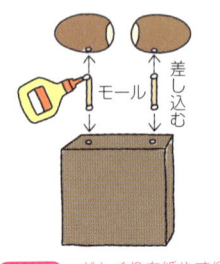

POINT どんぐりを紙やすりで削って接着してもよい。

❸ ポスカやフェルトなどで顔や手足などを作って付ける。

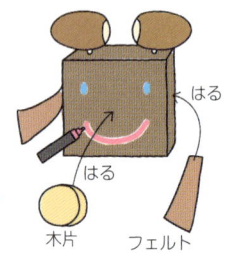

用意するもの どんぐり、木片、キリ、モール、木工用接着剤、ポスカ（水性顔料マーカー）、フェルト

年齢 作るのは **5**歳〜 遊ぶのは **3**歳〜

モンキーどんぐり

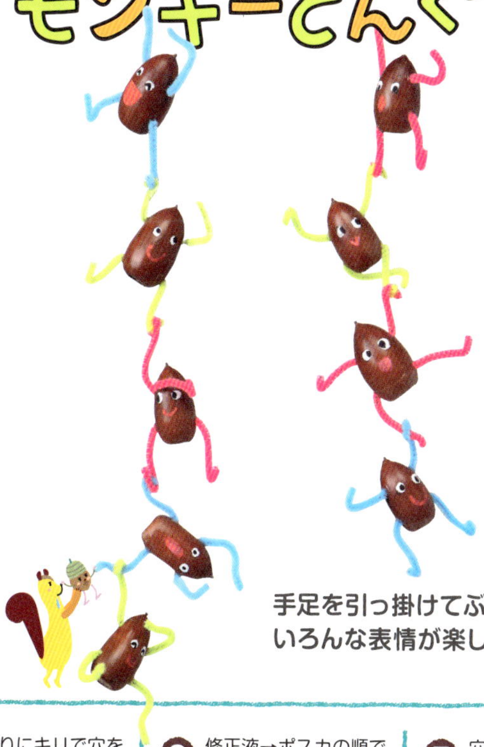

製作を楽しもう

人形

手足を引っ掛けてぶーらぶら。
いろんな表情が楽しめます。

 作り方

① どんぐりにキリで穴を
あけ、貫通させる。

② 修正液→ポスカの順で
目や口を描く。

③ 穴にモールを差し込み
手足を作り、好きな形
にぶら下げる。

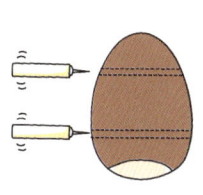

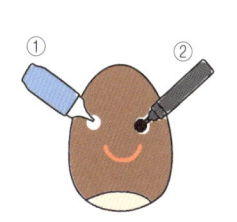

モールを穴に
差し込む

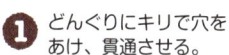 どんぐり、キリ、モール、修正液、ポスカ（水性顔料マーカー）

製作を楽しもう

作品

年齢 作るのは **3**歳～

落ち葉 de おえかき

きれいな落ち葉、おもしろい形の
落ち葉などを組み合わせて絵を描いてみましょう。

製作を楽しもう  作品

作り方

① 落ち葉などにのりを付け、画用紙に自由にはって絵を描く。

② 画用紙を段ボールにはり、木の枝などをはり付け額縁を作る。

③ 段ボールにキリで穴をあけ、ひもを通して結べば完成。

用意するもの  落ち葉、どんぐり、小枝、のり、木工用接着剤、画用紙、キリ、段ボール、ひも

33

年齢 作るのは **3**歳〜　遊ぶのは **3**歳〜

落ち葉のおばけ面

カラーコピーした落ち葉で作ったおばけ面をかぶって
森のおばけに大変身！

製作を楽しもう　作品

作り方

1 画用紙にセロハンテープなどで落ち葉をはり付けていく。

POINT 厚紙に直接、落ち葉をはってもよい。

2 ①をカラーコピーして厚紙にはる。

カラーコピーをはり付ける／厚紙

POINT 白黒コピーした後、色を塗ってもよい。

3 顔くらいの大きさに切って両端に画用紙の帯を付け輪ゴムでつなぎ、目の位置に穴をあける。

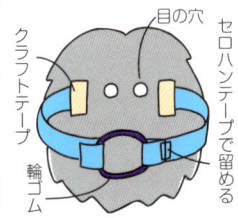

目の穴／セロハンテープで留める／クラフトテープ／輪ゴム

用意するもの 落ち葉、セロハンテープ、画用紙、厚紙、のり、クラフトテープ、ハサミ、輪ゴム

年齢 作るのは **4** 歳〜

落ち葉のちぎり絵

秋の色とりどりの落ち葉を使って
ステキなちぎり絵を楽しみましょう。

製作を楽しもう／作品

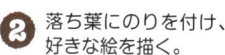 作り方

❶ 落ち葉をちぎって色ごとに 5 〜 6 種類の落ち葉パレットを作っておく。

❷ 落ち葉にのりを付け、好きな絵を描く。

色画用紙

❸ 段ボールの額を画用紙にはり、パンチで穴をあけ、リボンを通す。

段ボールの額を
のりではる　　リボンを通す

用意するもの　落ち葉、紙皿、のり、色画用紙、段ボール、穴あけパンチ、リボン

年齢 作るのは **5歳〜**

落ち葉の写し絵

落ち葉を色鉛筆でこすると、あら不思議！
おもしろい形や線が浮かび上がります。

製作を楽しもう　作品

作り方

❶ 落ち葉の上に薄い紙を置いて手の平を押しつけ、5数える。

POINT トレーシングペーパーを使うとさらにきれいな模様になる。

❷ 紙の上を色鉛筆でやさしく何度もこすると落ち葉の模様が浮かび上がってくる。

色鉛筆

❸ 写し取った落ち葉を四角など適当な形に切り取り、画用紙にはり、片段ボールで額縁を作る。

片段ボールを画用紙にはる

 落ち葉、コピー用紙などの薄い紙、色鉛筆、色画用紙、ハサミ、片段ボール、のり

年齢 作るのは **4**歳〜

落ち葉のステンドグラス

製作を楽しもう／作品

光りに透けるきれいな落ち葉のステンドグラス。
窓に掛けるととってもきれい！

（作り方）

❶ 落ち葉をラミネートシートの間に挟み、ラミネート加工する。

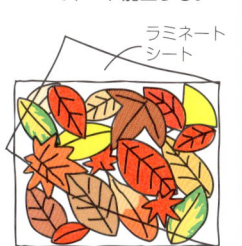

ラミネートシート

POINT 重ねるのは2枚まで。

❷ 画用紙で作った額縁をはる。

黒い画用紙の額縁

両面テープではる

❸ 額縁に模様を描いてパンチで穴をあけ、リボンを掛けてでき上がり。

リボン　模様を描く

用意するもの 落ち葉、ラミネートシート、両面テープ、ラミネーター、色画用紙、ハサミ、穴あけパンチ、リボン

製作を楽しもう

作品

年齢 作るのは **3**歳〜

どんぐりペン

割れたどんぐりからできるどんぐりペンで絵を描けば、
あなたもりっぱなどんぐり画伯！

作り方

❶ 割れたどんぐりを2つか3つに割って、中の実を取り出す。

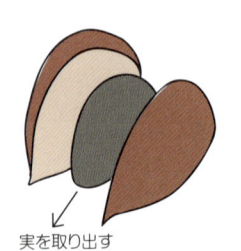

実を取り出す

❷ ハサミかつめ切りでどんぐりの先を整える。

ハサミで整える

❸ ペン先に墨や絵の具を付けて画用紙に絵を描く。

用意するもの 割れたどんぐり、ハサミやつめ切り、墨、絵の具、画用紙

年齢 作るのは**3**歳〜

木の実氷

秋の散歩で拾った木の実や落ち葉を氷の中に閉じ込めよう。
太陽に輝いてキラキラきれい。

製作を楽しもう

作品

(作り方)

1 プリンカップなどに水を入れ、どんぐりや落ち葉を見栄えよく入れる。

入れる
水

2 ①を冷凍庫で凍らせる。

POINT 製氷室に割りばしを2本敷き、その上にカップを置いてゆっくり凍らせると気泡の少ないきれいな氷になるよ。

3 凍ったら氷をカップから出してお皿などの上に置いて完成。

用意するもの　どんぐり、落ち葉、プリンカップなどの空き容器、割りばし、お皿

年齢 作るのは **3**歳〜 遊ぶのは **3**歳〜

フェイスアート

落ち葉やどんぐりにある虫穴や形のおもしろさを生かして
世界にひとつのおもしろフェイスを作りましょう。

製作を楽しもう 作品

製作を楽しもう 作品

作り方

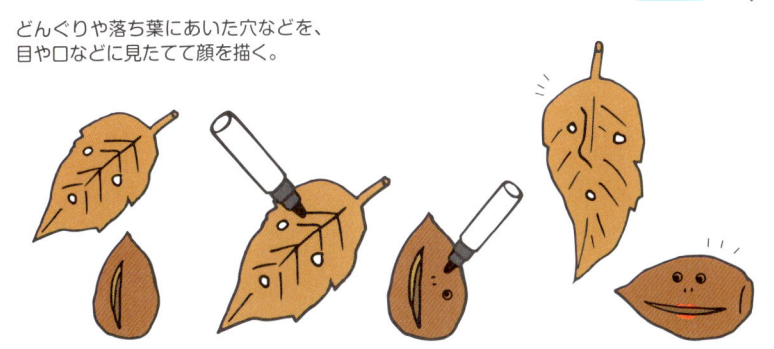

どんぐりや落ち葉にあいた穴などを、
目や口などに見たてて顔を描く。

用意するもの　虫穴があったり形の変わったどんぐりや落ち葉、修正液、ポスカ
（水性顔料マーカー）、油性フェルトペン

41

製作を楽しもう ／ 保育室飾り

年齢 作るのは **5歳〜**

どんぐりカモメのモビール

どんぐりから羽が生えたらどんな鳥になるかな。
空を飛ぶどんぐりカモメがゆーらゆら。

作り方

1 キリでどんぐりに穴をあけ、貫通させる。ひとつは貫通させない。

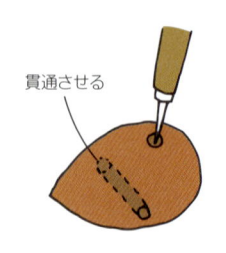

貫通させる

2 貫通させた穴にひょうたんモールを差し込み羽の形にし、もうひとつの穴に短いモールを木工用接着剤で付けて乾燥させる。

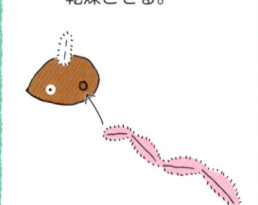

3 紙皿に4つの穴が均等になるようにパンチであけ、作ったどんぐりカモメをぶら下げる。

用意するもの どんぐり、キリ、修正液、ポスカ(水性顔料マーカー)、ひょうたんモール(長さ12〜13cm)、モール(長さ2cm)、木工用接着剤、糸、ハサミ、穴あけパンチ、紙皿(直径15cm)

年齢 作るのは **4**歳〜

ゆらゆらみのむしくん

落ち葉の服を着たぶらさがりみのむしくん。
たくさん作ったらみのむし家族のでき上がり。

製作を楽しもう

保育室飾り

作り方

❶ ティッシュペーパーで作った頭をモールで留め、好きな顔を作る。

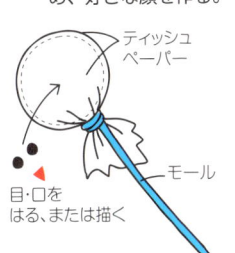

ティッシュペーパー
モール
目・口をはる、または描く

❷ おもしのビー玉を入れてねじった新聞紙をモールに巻き、両面テープを巻き付けて、輪ゴムを付ける。

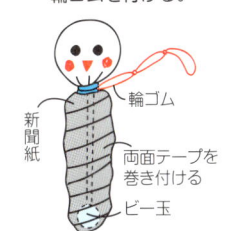

新聞紙
輪ゴム
両面テープを巻き付ける
ビー玉

❸ 落ち葉の服を着せて完成。

落ち葉

用意するもの ティッシュペーパー、モール、色画用紙、ハサミ、のり、フェルトペン、新聞紙、ビー玉(おもし用)、両面テープ、落ち葉、カラー輪ゴム

年齢 作るのは **4**歳〜

製作を楽しもう / 保育室飾り

落ち葉のれん

落ち葉で作ったゆらゆらのれんを保育室の入り口に掛けると、保育室に入るのが楽しみになりますよ。

作り方

❶ 適当な形に切った色画用紙をラミネートシートに挟み、その中にきれいな落ち葉を置き、ラミネート加工する。

ラミネートシート
色画用紙

❷ できたらパンチで穴をあけ、ストローと交互にして糸でぶら下げる。

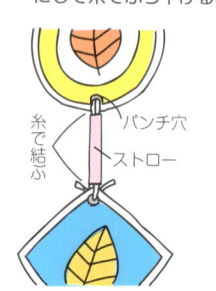

糸で結ぶ
パンチ穴
ストロー

❸ 両面テープをはった段ボールで先端の糸を挟む。

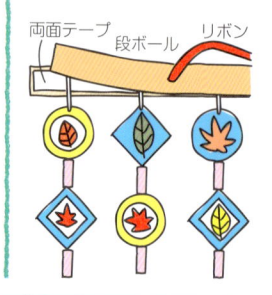

両面テープ
段ボール
リボン

用意するもの 落ち葉、色画用紙、ハサミ、ラミネートシート、ラミネーター、穴あけパンチ、ストロー、糸、段ボール、両面テープ、リボン

年齢 作るのは **4**歳〜

木の実ネームプレート

どんぐり拾いの思い出をネームプレートに。
扉に掛けるととってもおしゃれです。

製作を楽しもう / 保育室飾り

作り方

❶ 長方形の木の板に麻布などの布をかぶせ、後ろ側をクラフトテープで留める。

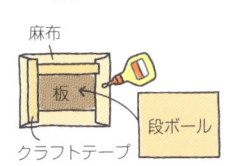

麻布／板／段ボール／クラフトテープ

POINT 後ろ側に板と同じ大きさの段ボールを木工用接着剤ではると見た目がきれい。

❷ 板の周りに拾ってきた小枝やどんぐりを木工用接着剤で付ける。

麻ひもまたはモールで束ねた小枝／はる／はる／紙やすり

POINT どんぐりは側面を紙やすりで削って接着させる。

❸ モールで文字を描き、つり下げひもを付ける。

麻ひもを結び付ける／はる／モール

用意するもの 木の板、麻布、クラフトテープ、段ボール、小枝、木工用接着剤、どんぐり、紙やすり、モール、ひも

製作を楽しもう

保育室飾り

年齢 作るのは **5**歳〜

どんぐりカレンダー

かわいいどんぐりカレンダーを作ってみましょう。
日付が変わるのが待ち遠しくなりますね。

作り方

1 どんぐりの側面にキリで穴をあける。

2 ポスカでどんぐりに数字を書く。1が4個、2、3が3個、4〜9までと0が2個。「がつ」「にち」を忘れずに。

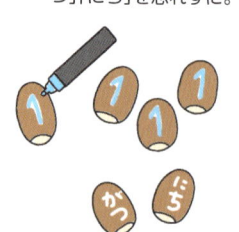

3 板にもキリで穴をあけ、つまようじを付ける。どんぐりを差し込めば完成。

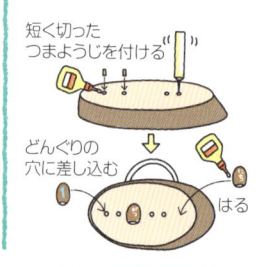

短く切ったつまようじを付ける

どんぐりの穴に差し込む

はる

用意するもの どんぐり、キリ、ポスカ（水性顔料マーカー）、木の板、木工用接着剤、つまようじ、ひも

年齢 作るのは **5**歳〜

どんぐりピン

どんぐりにピンを差し込めば
おしゃれなどんぐりピンのでき上がり。

製作を楽しもう／保育室飾り

(作り方)

❶ どんぐりの側面を紙やすりでこすり、表皮を削る。

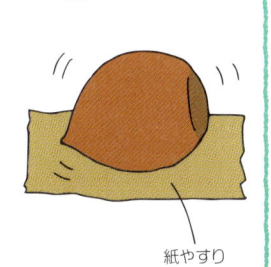

紙やすり

❷ くぎなどで中の実を根気強く取り出す。

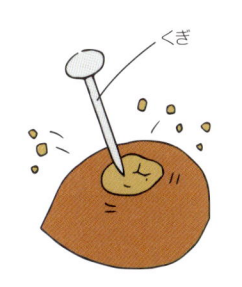

くぎ

❸ 中に紙粘土を入れ、その中に市販のピンを押し込む。紙粘土を乾燥させ、ピンを固定する。

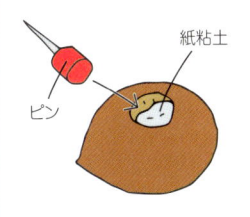

紙粘土
ピン

用意するもの どんぐり、紙やすり、くぎ、紙粘土、ピン

製作を楽しもう / 保育室飾り

年齢 作るのは **5**歳〜

クリスマスリース

まつぼっくりやどんぐりを生かしたリースで
すてきなクリスマスを迎えましょう。

キラキラボックリース

作り方

❶ ビーズを通した針金をまつぼっくりに巻き付ける。

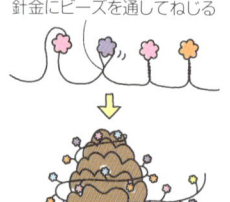

針金にビーズを通してねじる

❷ プリンカップにおもし用のビー玉を入れ、その上に紙粘土を詰める。

詰める
プリンカップ
ビー玉

❸ プリンカップにまつぼっくりを入れ、フラワーペーパーとリボンで飾り付けて完成。

押し込んで固定させる
フラワーペーパー

用意するもの まつぼっくり、針金、ビーズ、プリンカップ、ビー玉(おもし用)、紙粘土、木工用接着剤、フラワーペーパー、リボン

製作を楽しもう

保育室飾り

ドングリース

① 丸やツリー型に切った段ボールの台紙に紙粘土を付ける。

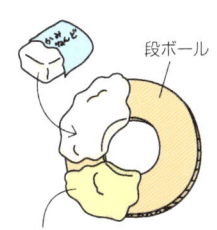

段ボール
色付き紙粘土

② どんぐりや小枝、ビーズなどを木工用接着剤で飾り付ける。

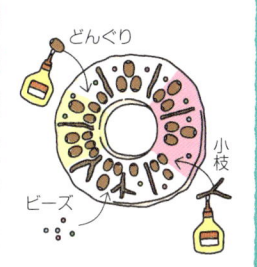

どんぐり
小枝
ビーズ

③ リボンを掛けたり、ひもを付けたりして完成。

リボン
裏側にはる
クラフトテープ

用意するもの 段ボール、ハサミ、紙粘土、どんぐり、小枝、ビーズなどの飾り、木工用接着剤、リボン、クラフトテープ

年齢 作るのは **5歳〜**

どんぐり花束

どんぐりをお花に見たてたどんぐりの花束。
たくさん集めれば、豪華な森の恵み花束に。

製作を楽しもう／プレゼント

作り方

❶ どんぐりの側面にキリで穴をあけ、木工用接着剤でモールを付ける。

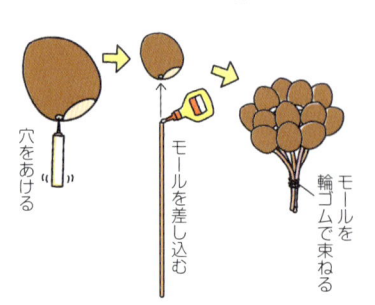

穴をあける　モールを差し込む　モールを輪ゴムで束ねる

❷ モール付きのどんぐりの周りにいろいろな色のフラワーペーパーを巻き、外側にオーロラシートを巻いてリボンを付ける。

オーロラシート　巻く　フラワーペーパー

用意するもの どんぐり、キリ、木工用接着剤、モール、輪ゴム、フラワーペーパー、オーロラシート、リボン

年齢 作るのは **4歳〜**

メッセージどんぐり

先が2つに割れたどんぐりを使って作るメッセージどんぐり。
プチプレゼントにも最適です。

製作を楽しもう

🌷 プレゼント

（作り方）

❶ 先が2つに割れたどんぐりに好きな顔を描く。

ポスカ

❷ 四角やハートに切った色紙にメッセージを書く。

❸ どんぐりの割れ目にメッセージを差し込んででき上がり。

差し込む

用意するもの 割れたどんぐり、色紙、ハサミ、修正液、ポスカ（水性顔料マーカー）

51

製作を楽しもう

プレゼント

年齢 作るのは **5歳〜**

どんぐりマグネット

どんぐりに磁石を付けて
いろいろなどんぐりマグネットを作りましょう。

うさマグ

りすマグ

ネームマグ

作り方

ネームマグ

側面を紙やすりで削ったどんぐりとコルク、マグネットをくっつける。どんぐりの表面に文字や絵を描く。

ポスカ

木工用接着剤で付ける

うさマグ

① 耳の形にねじったモールをどんぐりにくっつける。

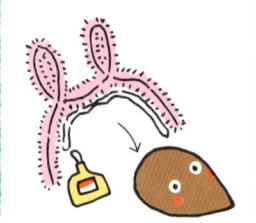

② ①のモールとコルク、マグネットを木工用接着剤で付けて、どんぐりに顔を描く。

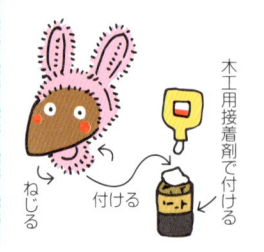

ねじる

付ける

木工用接着剤で付ける

用意するもの どんぐり、コルク、ミニマグネット、紙やすり、木工用接着剤、修正液、ポスカ（水性顔料マーカー）、モール

年齢 作るのは **4歳〜**

ラブラブどんぐり

2つのどんぐりのほっぺがくっついた！
ラブラブどんぐりのでき上がり。

製作を楽しもう

🌷 プレゼント

作り方

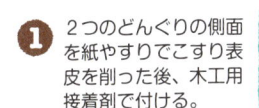

❶ 2つのどんぐりの側面を紙やすりでこすり表皮を削った後、木工用接着剤で付ける。

くっつける部分は紙やすりで削る

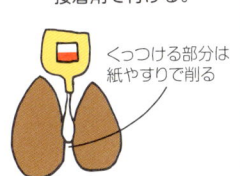

POINT どんぐりに穴をあけて木工用接着剤を付けたモールを差し込んで固定してもよい。

❷ どんぐりに好きな顔を描いてラブラブどんぐりのでき上がり。

ポスカ

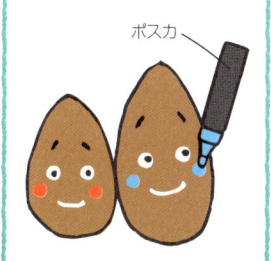

❸ 木片に安全ピンを留め、どんぐりの裏面に木工用接着剤で付けるとブローチにも！

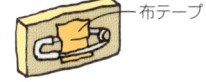

紙やすりで削る

木工用接着剤で付ける

布テープ

用意するもの どんぐり、修正液、ポスカ（水性顔料マーカー）、紙やすり、木工用接着剤、木片またはボール紙、安全ピン、布テープ

製作を楽しもう

プレゼント

年齢 作るのは **5**歳〜

どんぐりマスコット

お気に入りのどんぐりでマスコットを作れば
いつもいっしょ！

作り方

1 どんぐりに穴をあけ、貫通させ針金を通す。

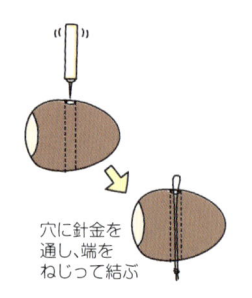

穴に針金を通し、端をねじって結ぶ

2 針金にひもを通し木製ビーズを入れて結ぶ。

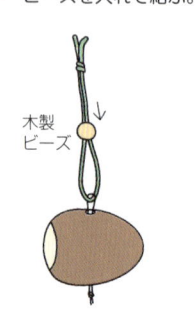

木製ビーズ

3 体の部分にはモールを巻き付け、顔を描いてどんぐりマスコットの完成。

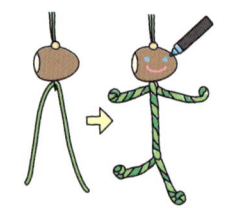

2色のモールをねじり合わせる

用意するもの どんぐり、キリ、針金、モール、ひも、木製ビーズ、修正液、ポスカ（水性顔料マーカー）

年齢 作るのは **4**歳〜

どんぐりペンたて

心を込めて作ったどんぐりペンたて。
だれにプレゼントしようかな？

製作を楽しもう

プレゼント

作り方

❶ 紙粘土に絵の具を混ぜて色付き紙粘土にする。

POINT 紙粘土の色は、どんぐりの色がきれいに見えるような色を工夫しよう。

❷ ペットボトルを適当な大きさに切り、周りに紙粘土を巻き付ける。

切り口にビニールテープを巻く
白い紙粘土
色付き紙粘土
ペットボトル

❸ どんぐりに木工用接着剤を付け、紙粘土に押してしっかり付ける。

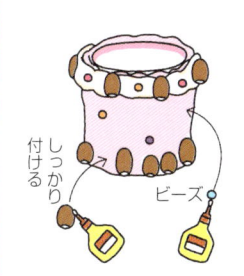

しっかり付ける
ビーズ

用意するもの　紙粘土、絵の具、ペットボトルの容器を切ったもの、ビニールテープ、木工用接着剤、どんぐり、ビーズ

製作を楽しもう

プレゼント

年齢 作るのは **3**歳〜

フォトフレーム

どんぐり拾いで見つけたどんぐりをたくさん使って
思い出のフォトフレームを作ってみましょう。

作り方

❶ フォトフレームに紙粘土を付ける（厚みは5〜10mm）。

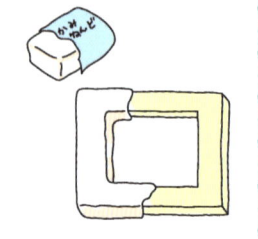

❷ 色つきの紙粘土やどんぐり、小枝などに木工接着剤を付けて紙粘土にはり付け、好きな模様を作る。

直接どんぐりを付けるなら
紙粘土を付けない場合は、どんぐりの表面を紙やすりで削ってくっつける。

用意するもの どんぐり、小枝、紙粘土（カラー紙粘土）、絵の具、フォトフレーム（なければ段ボールで作る）、木工用接着剤、紙やすり

年齢 作るのは **3** 歳〜

森のおくりもの

どんぐりを磨いてつるつるどんぐりを作りましょう。
かわいくラッピングすればステキな森のおくりものに。

製作を楽しもう

🌷 プレゼント

作り方

❶ どんぐりを洗剤で洗い、フェルトなどで表面を磨く。

洗剤 / フェルト / ツルツル

❷ つるつるになったどんぐりを箱やビンに詰めてかわいくラッピングする。

モール / 色画用紙 / のりではる

用意するもの どんぐりや落ち葉、洗剤、フェルト、ラッピング用の容器や袋、色画用紙、ハサミ、リボン、モール、のり

お菓子いっぱい

「いらっしゃいませ。どのお菓子にいたしましょう?」
どんぐりや落ち葉を使ったお菓子がいっぱい。

製作を楽しもう
お菓子

ふわふわ スポンジケージ

どんぐりバウム

どんぐり カップケーキ

アースケーキ

製作を楽しもう

お菓子

ホントに
　焼き焼きお菓子

59

製作を楽しもう お菓子

年齢 作るのは4歳〜 遊ぶのは3歳〜

どんぐりカップケーキ

お客様の好みを聞いて
かわいいどんぐりカップケーキを作ってみましょう。

作り方

❶ 紙粘土に絵の具を少し混ぜ、ケーキの生地を作る。

❷ カップケーキの容器の中に紙粘土を盛り上がるように入れて、どんぐり、ビーズをトッピングする。

丸めた紙粘土 → 乗せる → 渦巻き状にする → ビーズ ビーズ

細長く伸ばす

遊び方

できたケーキは、袋に入れ、輪にした紙バンドとリボンでステキなラッピングをしよう。

用意するもの

どんぐり、ビーズ、カップケーキの容器、紙粘土、絵の具、ケーキ用ラッピング袋、リボン、紙バンド、ハサミ

年齢 作るのは **5**歳〜　遊ぶのは **3**歳〜

どんぐりバウム

いろいろな形にデコレーションできるどんぐりバウム。
大きく作るととっても豪華！

製作を楽しもう

お菓子

作り方

❶ 片段ボールを幅の短いもの２枚、長いもの１枚重ねてのりではり付ける。

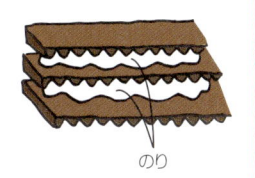

のり

POINT どんぐりが大きいときは、短い段ボールを３枚にする。

❷ 短い段ボールの面に木工用接着剤を付け、巻き寿司のように巻き、輪ゴムで留める。

木工用接着剤

巻く

❸ 木工用接着剤が乾かないうちに、段ボールの底をゆっくり押し上げ、図のような形にして、段ボールの溝にどんぐりを挟む。

差し込む

用意するもの 幅の短い片ボール２〜３枚、幅の長い片段ボール１枚（長さは少し長め）、のり、木工用接着剤、輪ゴム、どんぐり

製作を楽しもう

お菓子

年齢 作るのは **3**歳〜 遊ぶのは **3**歳〜

ホントに焼き焼きお菓子

ホントに焼いて作る焼き焼きお菓子はいかがですか？
焦げ目が付いてとってもおいしそうですよ。

作り方

❶ ボールに小麦粉と塩とサラダ油、水（少しずつ）を入れ、よく練る。

❷ 厚さ5mm、大きさ10cm以内を目安にお菓子を作り、どんぐりをトッピングする。

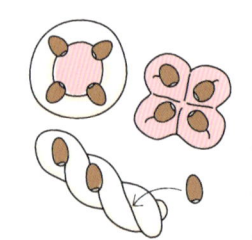

❸ オーブントースターで焦げ目が付くくらいに焼けばでき上がり。

POINT 生地と具材用に分け、食紅や水彩絵の具を使っておいしそうな色付けをしましょう。

用意するもの 割れたどんぐり（破裂防止のため）、小麦粉、塩（小麦粉100gに対し約50g）、水（小麦粉100gに対し約60cc）、サラダ油（大さじ1）、食紅または水彩絵の具、ボール

年齢 作るのは **4**歳〜 遊ぶのは **3**歳〜

ふわふわスポンジケーキ

製作を楽しもう

お菓子

スポンジにふわふわの石けんクリームを絞れば…
気分は一流パティシエ！

作り方

① 石けんをチーズ削りで削り、ボールの中に入れ、お湯を入れながら泡立て器で勢いよく混ぜる。

レモン石けん　　お湯

POINT お湯は2、3回に分けて入れるとよい。泡立ちが悪いときは洗たくのりを入れる。

② スポンジに石けんクリームを絞り、どんぐりや小枝、ビーズなどを木工用接着剤で飾り付ける。

飾り付ける　　クリーム

用意するもの どんぐり、小枝、ビーズ、木工用接着剤、レモン石けん½、お湯(石けん½に対し約50cc)、チーズ削り、泡立て器、ボール、スポンジ、クリーム絞り

製作を楽しもう

お菓子

年齢 作るのは**4**歳〜 遊ぶのは**3**歳〜

アースケーキ

100パーセント自然素材を材料に
エコロジカルケーキを作りましょう。

64

製作を楽しもう

お菓子

作り方

① 湿った土を型抜きに入れ、落ち葉やお皿の上にケーキの型を抜く。

型を抜く

POINT 粘土質の土と加える水の量がポイント。

② 土のケーキの上に石けんクリームを絞る。
※石けんクリームの作り方は P.63 参照

クリーム

③ ケーキにどんぐりや秋の木の実などを飾る。

飾り付ける

用意するもの　どんぐり、粘土質の土、型抜き、レモン石けん、チーズ削り、お湯、ボール、泡立て器、クリーム絞り、落ち葉や紙皿

製作を楽しもう

アクセサリー

年齢 作るのは **4歳〜** 遊ぶのは **3歳〜**

ネックレス

どんぐりや落ち葉でステキステキネックレスを作りましょう。
身に付けるとお姫様気分に。

キラキラネックレス

円盤ネックレス

ビーズネックレス

落ち葉ネックレス

作り方

製作を楽しもう 🌱 アクセサリー

ビーズネックレス

どんぐりに穴をあけ、モールを輪っかにして組み合わせる。

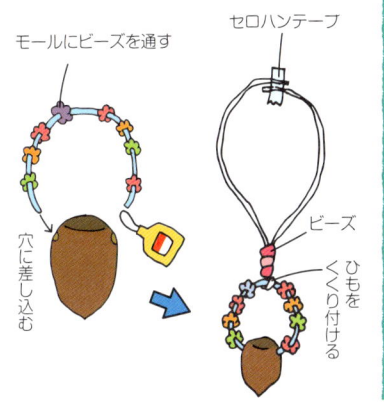

- モールにビーズを通す
- 穴に差し込む
- セロハンテープ
- ビーズ
- ひもをくくり付ける

キラキラネックレス

どんぐりはやすりで削り、コルクとくっつけてヒートンを差し込む。どんぐりに直接ヒートンを差し込む場合は、生のどんぐりにキリで穴をあけてヒートンを差し込む。

- ヒートンを差し込む
- コルク
- ヒートンにひもをくくりつける
- リボン
- モールを巻き付ける

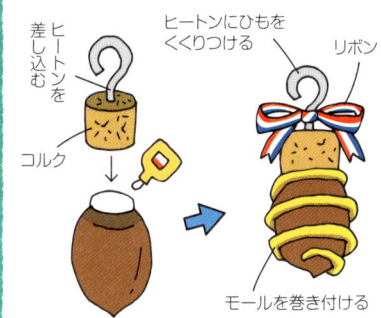

円盤ネックレス

段ボールの土台に粘土を付けて、どんぐりやビーズを埋め込む。

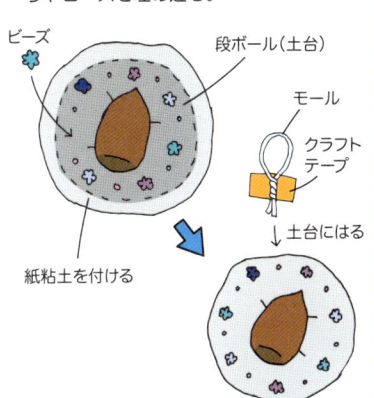

- ビーズ
- 段ボール(土台)
- モール
- クラフトテープ
- 紙粘土を付ける
- 土台にはる

落ち葉ネックレス

落ち葉に木工用接着剤を塗り、乾燥した後にパンチで穴をあけて糸を通す。ストローの色をいろいろ組み合わせるときれい。

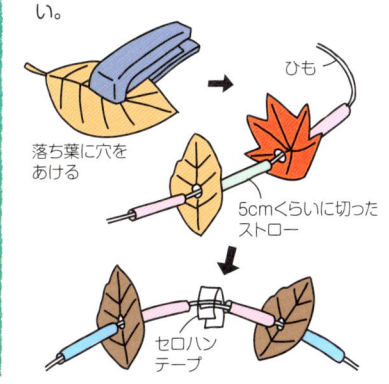

- 落ち葉に穴をあける
- ひも
- 5cmくらいに切ったストロー
- セロハンテープ

用意するもの　どんぐり、落ち葉、キリ、紙ひも、モール、リボン、セロハンテープ、ビーズ、ストロー、ハサミ、ヒートン、コルク、穴あけパンチ、木工用接着剤、段ボール、クラフトテープ

製作を楽しもう

アクセサリー

年齢 作るのは**4**歳〜　遊ぶのは**3**歳〜

指輪

モールとどんぐりがおしゃれな指輪に大変身。
指にたくさんはめて、セレブな気分に！

お花指輪

キラキラ指輪

どんぐり指輪

お花指輪

作り方

① どんぐりにキリで穴をあけ、貫通させる。

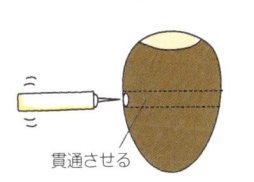

貫通させる

② スパンコールとどんぐりにモールを通し、ねじって留める。

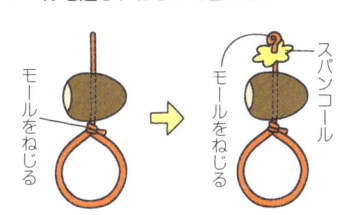

モールをねじる → モールをねじる　スパンコール

用意するもの どんぐり、キリ、モール、スパンコール

キラキラ指輪

① モールにビーズを通し、図のようにねじる。

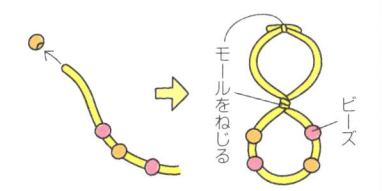

→ モールをねじる　ビーズ

② 木工用接着剤でどんぐりとモールをくっつける。

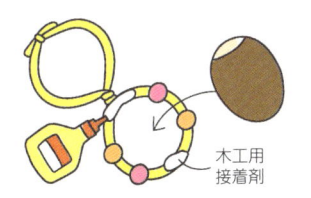

木工用接着剤

用意するもの どんぐり、モール、ビーズ、木工用接着剤

どんぐり指輪

① どんぐりに穴を貫通させ、モールを差し込みねじって留める。

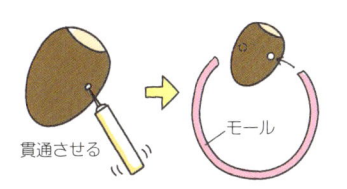

貫通させる　モール

② 指の大きさになるように、ねじって調整する。

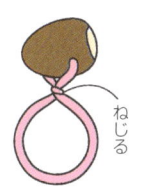

ねじる

用意するもの どんぐり、キリ、モール

製作を楽しもう

アクセサリー

製作を楽しもう

アクセサリー

年齢 作るのは **4**歳〜 遊ぶのは **3**歳〜

ブローチ

**落ち葉やどんぐりを使って
カラフルブローチを作ってみましょう。**

揺れる
どんぐりブローチ

落ち葉のブローチ

作り方

落ち葉のブローチ

落ち葉に木工用接着剤を塗り、乾かして安全ピンを取り付ける。

木工用接着剤を塗った落ち葉

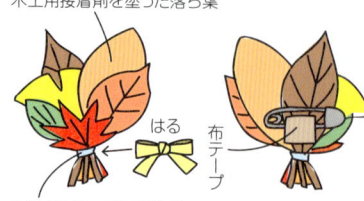

はる　布テープ

セロハンテープで留める

用意するもの 落ち葉、安全ピン、木工用接着剤、布テープ、セロハンテープ、リボン

揺れるどんぐりブローチ

どんぐりにひもを付け、安全ピンに結び付ける。

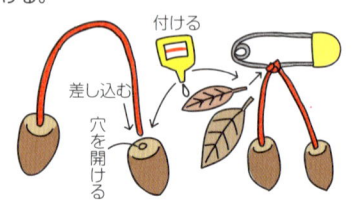

付ける

差し込む

穴を開ける

POINT 穴をあけにくいときはセロハンテープで付けましょう。

用意するもの どんぐり、キリ、落ち葉、ひも、安全ピン、木工用接着剤

年齢 作るのは **4**歳〜　遊ぶのは **3**歳〜

イヤリング

どんぐりとリボンのかわいいイヤリング。
耳元でゆらゆら揺れるととってもステキです。

製作を楽しもう／アクセサリー

(作り方)

❶ どんぐりのおしりを紙やすりで削り、コルクを付ける。

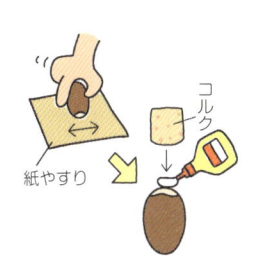

紙やすり　コルク

❷ ヒートンをコルクに差し込み、モールをくくり付ける。

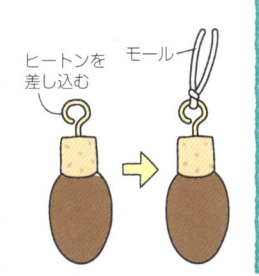

ヒートンを差し込む　モール

❸ モールにビーズを通し、輪ゴムをモールでねじって留める。リボンを結べば完成。

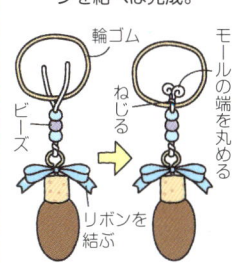

輪ゴム　モールの端を丸める　ビーズ　ねじる　リボンを結ぶ

用意するもの どんぐり、紙やすり、コルク、木工用接着剤、ヒートン、モール、ビーズ、リボン、輪ゴム

製作を楽しもう

アクセサリー

年齢 作るのは **4**歳〜 遊ぶのは **3**歳〜

ティアラ・ブレスレット

秋の実りいっぱいのティアラやブレスレットで
おしゃれを楽しみましょう。

作り方

❶ 頭や腕の大きさに合わせて色画用紙を切る。

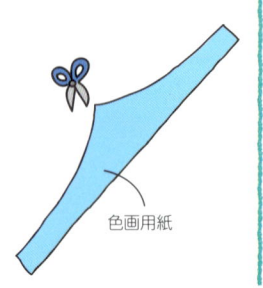

色画用紙

❷ 落ち葉や木の実を両面テープやのりではり、飾り付ける。

木の実をはる
落ち葉をはる
切り抜いた落ち葉をはる

POINT 落ち葉はハサミで好きな形に切ったり、クラフトパンチでいろいろな形を抜いて飾ってもよい。

❸ 画用紙の両端を折り返して輪ゴムを掛け、両面テープで留める。

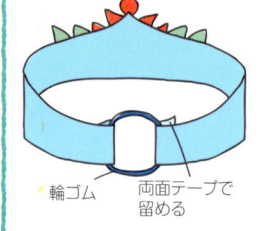

輪ゴム
両面テープで留める

用意するもの 落ち葉、木の実、色画用紙、両面テープやのり、ハサミ、クラフトパンチ、輪ゴム

おもちゃで遊ぼう

どんぐりごまややじろべえなど
オーソドックス＆シンプルなものから、
工夫を凝らした新しいものまで
いろんなおもちゃがあります。

おもちゃで遊ぼう

年齢 作るのは **5**歳～ 遊ぶのは **4**歳～

どんぐりごま

どんぐりでよく回る
こまを作って遊びましょう。

側面に軸を差したこま
を作っても楽しい。

遊び方

うまく回ったら、2～3人でお椀や大きめの紙皿の上で回し、だれが最後まで残るかこまバトルをして遊びましょう。

作り方

① 左右対称な形をしたどんぐりのおしりの真ん中にキリで穴をあける。

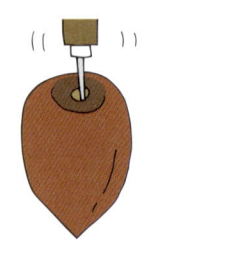

POINT どんぐりの先端はハサミで切り取っておくと安定して回る。

② 木工用接着剤を付けたつまようじをまっすぐに差す。

まっすぐに差す

POINT つまようじの軸が振れるようなら、角度を調整し回っているときにつまようじができるだけまっすぐになるようにする。

用意するもの どんぐり、ハサミ、つまようじ、キリ、木工用接着剤

年齢 作るのは**4**歳〜 遊ぶのは**4**歳〜

どんぐり笛

高くてきれいな音が出るどんぐり笛。
みんなでいろいろな音を奏でましょう。

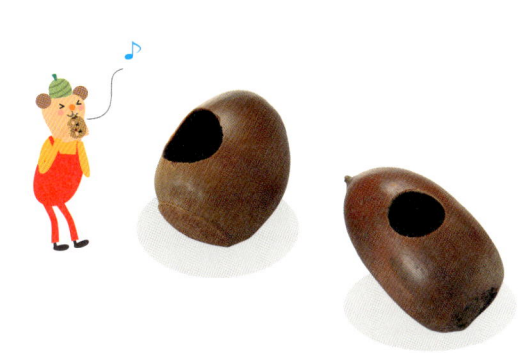

おもちゃで遊ぼう

遊び方

どんぐりの穴に口を当てて、強く息を吹きかけると音が鳴ります。

作り方

❶ 紙やすりを机の上に置き、どんぐりの側面をこすり、穴をあける。

紙やすり

❷ くぎやつまようじなどで中の実をかき出す。

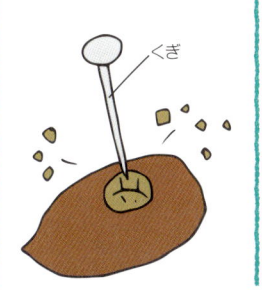

くぎ

❸ 紙やすりで穴の周りをきれいに整える。

紙やすり

用意するもの どんぐり、くぎやつまようじ、紙やすり(100番より目の細かいもの)

おもちゃで遊ぼう

年齢 作るのは **5**歳～　遊ぶのは **3**歳～

やじろべえ

**最初はバランスどんぐり。
慣れたらどんぐりやじろべえにチャレンジ。**

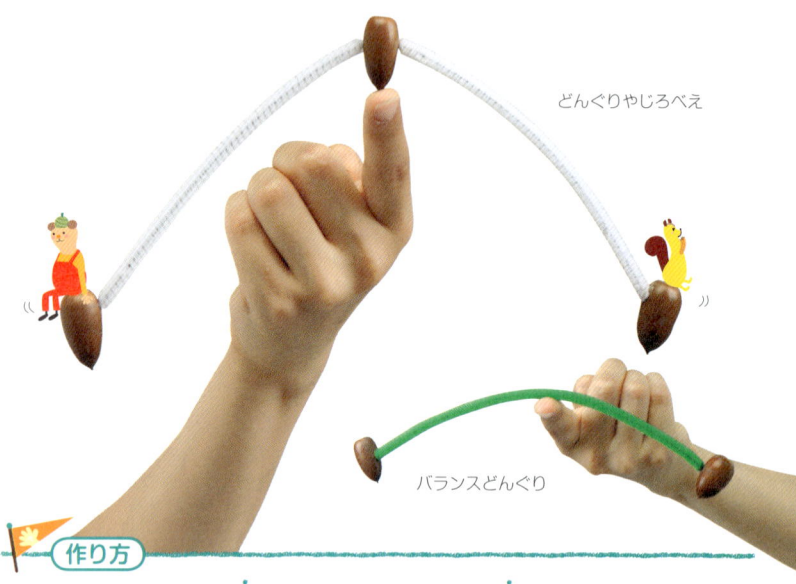

どんぐりやじろべえ

バランスどんぐり

作り方

バランスどんぐり

どんぐりにキリで穴をあけ、モールの両端に木工用接着剤で固定する。

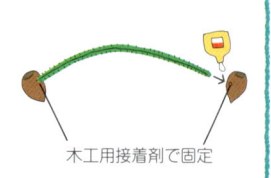

木工用接着剤で固定

どんぐりやじろべえ

① 2つのどんぐりにキリで穴をあけ、残りの1つは穴を貫通させる。

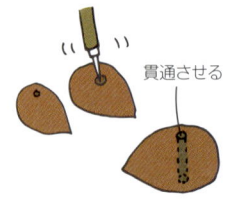

貫通させる

② 貫通させた穴にモールを通し、両端には木工用接着剤でどんぐりを固定してバランスを調節する。

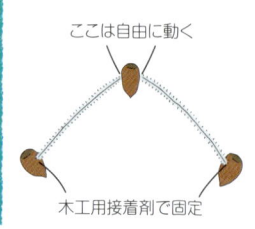

ここは自由に動く

木工用接着剤で固定

用意するもの ほぼ同じ大きさのどんぐり、モール、キリ、木工用接着剤

年齢 作るのは **5**歳〜 遊ぶのは **2**歳〜

でんでんだいこ

どんぐりのでんでん太鼓で
歌って踊って楽しみましょう。

おもちゃで遊ぼう

作り方

❶ キリでどんぐりに穴を貫通させ、たこ糸を通し先に結び目を作る（2〜3個くらい作る）。

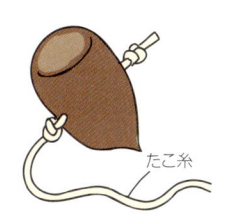

たこ糸

❷ 段ボールに切り込みを入れて折り曲げ、テープで持ち手を作り、必要に応じて角を切り取る。

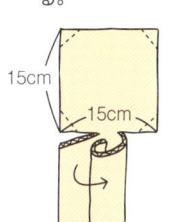

15cm
15cm

❸ 段ボールの左右に穴をあけ、①で作ったひも付きのどんぐりをくくり付ける。

テープ　結ぶ

POINT 段ボールの代りにうちわを使って太鼓を作ってもよい。

用意するもの どんぐり、たこ糸、段ボール、クラフトテープまたはビニールテープ、キラキラテープ、ハサミ、キリ、油性フェルトペン

おもちゃで遊ぼう

年齢 作るのは **5**歳〜　遊ぶのは **2**歳〜

どんぐりマラカス

どんぐりマラカスで合奏会のはじまり！
どんぐりを入れ替えて、ステキな音色を楽しみましょう。

作り方

1 ペットボトルのキャップにキリで2個ずつ穴をあける。

2 キャップにたこ糸を通し、2つのキャップをつなぐ。

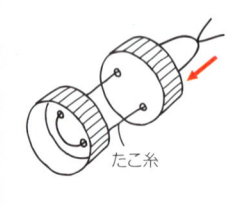

たこ糸

3 中にどんぐりを入れてペットボトルに絵を描いたりテープをはったりするとオリジナルマラカスのでき上がり。

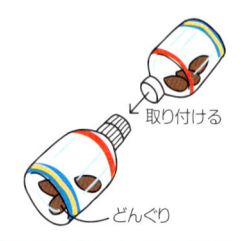

取り付ける

どんぐり

用意するもの どんぐり、ペットボトル(350ml)、キリ、たこ糸、ハサミ、キラキラテープやビニールテープ

年齢 作るのは**4**歳〜 遊ぶのは**3**歳〜

とんとんずもう

帽子付きのどんぐりと段ボールを組み合わせたら
かわいいおすもうさんができました。

おもちゃで遊ぼう

作り方

❶ 片段ボールを巻いて円筒形にし、どんぐりにも顔を描く。

ポスカ

❷ どんぐりを木工用接着剤で段ボールと接着させ、落ち葉も付ける。

❸ 紙やすりで少し前のめりになるように削るとでき上がり。

削る

用意するもの どんぐり（帽子付き）、片段ボール、木工用接着剤、修正液、ポスカ（水性顔料マーカー）、落ち葉、のり、紙やすり

おもちゃで遊ぼう

年齢 作るのは **5**歳〜 遊ぶのは **2**歳〜

ほじほじどんぐり

スポンジの中にどんぐりがかくれんぼ。
指の感触を頼りにどんぐりを探し出そう。

遊び方
スポンジの切り目から指でほじほじしてどんぐりを探そう。

作り方

❶ スポンジにカッターナイフで切り目を入れる。

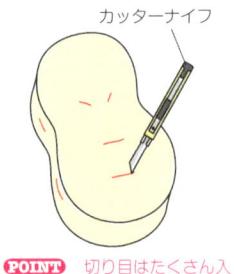

カッターナイフ

POINT 切り目はたくさん入れます。貫通しないように。

❷ スポンジにフェルトなどで顔を作る。

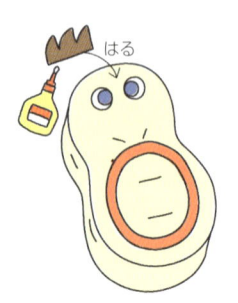

はる

❸ スポンジの切り目にどんぐりを入れる。

小さめのどんぐり

用意するもの どんぐり、スポンジ、カッターナイフ、フェルト、木工用接着剤

年齢 作るのは**4**歳〜 遊ぶのは**3**歳〜

あいさつぼっくり

落ち葉の中に何かいるよ！　どんぐりボタンを押すと
あいさつぼっくり君が出てきてこんにちは。

おもちゃで遊ぼう

あれ〜、落ち葉の中に
何かいるのかな？

作り方

❶ まつぼっくりのかさの中に針金を入れペンチでねじって結ぶ。針金を紙筒に巻き付け、どんぐりボタン用の突起を作る。

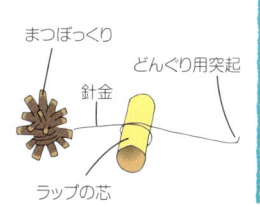

まつぼっくり
針金
どんぐり用突起
ラップの芯

❷ まつぼっくりに目玉を付け、キリで穴をあけたどんぐりを差し込む。

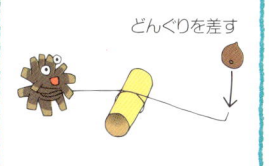

どんぐりを差す

❸ できたまつぼっくりのしかけを箱の中に入れ、まつぼっくりとどんぐりがシーソーになるように針金を調整し、落ち葉をかぶせたらでき上がり。

落ち葉で隠す

用意するもの まつぼっくり、どんぐり、落ち葉、紙箱、針金、紙筒(ラップの芯など)、ペンチ、キリ、目玉シール、色画用紙、ハサミ、木工用接着剤

おもちゃで遊ぼう

年齢 作るのは **5歳〜** 遊ぶのは **4歳〜**

どんぐりコプター

色紙とどんぐりでできるどんぐりコプター。
お空をクルクル飛び回ります。

遊び方

どんぐりコプターを地面と平行に落とすとくるくる回って降りてくる。

作り方

❶ 色紙を 8 ㎝ × 12 ㎝ の大きさに切り、セロハンテープをはる。

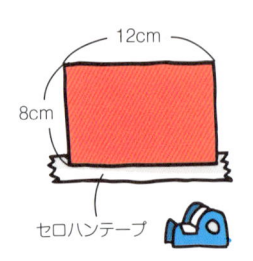

12cm
8cm
セロハンテープ

❷ 大きめのどんぐりに①を慎重に巻き付ける。

巻く

POINT どんぐりの大きさによって紙の大きさを調整しましょう。

❸ 色紙を4つに切って、重ならないように斜めに折り広げる。

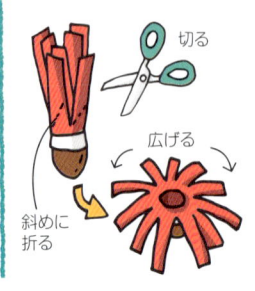

切る
斜めに折る
広げる

用意するもの どんぐり、色紙、セロハンテープ、ハサミ

年齢 作るのは **4**歳〜 遊ぶのは **3**歳〜

ぼっくりパラシュート

お空からふわりふわりと降りてくる
ぼっくりパラシュートを作りましょう。

おもちゃで遊ぼう

遊び方

傘の先を持ち、横に1回軽く折り畳み、傘に糸を軽く巻き付け、思いっ切り空中に投げよう。

作り方

1 カラーポリ袋を図のように切る。

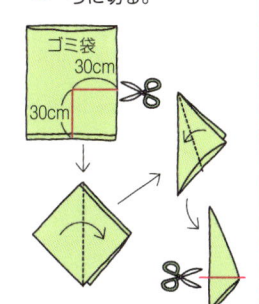

ゴミ袋
30cm
30cm

2 50cmのたこ糸を2本切り、それぞれの両端をゴミ袋にはり付ける（先を玉結びすると取れにくい）。

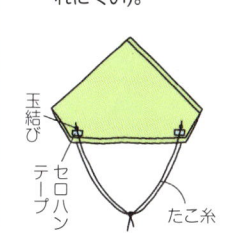

玉結び
セロハンテープ
たこ糸

3 まつぼっくりとパラシュートの糸の部分をモールでつなぐ。

内側が表になるように裏返す
結ぶ
モールを巻き付ける

用意するもの まつぼっくり、カラーポリ袋（厚さ0.025mm以下）、たこ糸、モール、セロハンテープ、ハサミ、油性フェルトペン

おもちゃで遊ぼう

年齢 作るのは **4**歳〜 遊ぶのは **3**歳〜

どんぐり落とし

どんぐりと鈴の音が楽しいどんぐり落としを作ったら
だれが早く落とせるか競争してみましょう。

作り方

❶ 発泡容器に千枚通し→鉛筆→油性フェルトペンの順に差し、どんぐりよりも大きな穴を1個ずつあける。

穴をあける

❷ ①を木工用接着剤で留め、それぞれの底にどんぐりと鈴を入れた透明カップを付ける。

セロハンテープではる

はり合わせる

遊び方

どんぐり落としを動かし、どんぐりを次々と穴に落としていきましょう。どんぐりと鈴が全部下に落ちた人が勝ち。どんぐり落としがひとつしかないときは、タイムを競って遊びましょう。

用意するもの

どんぐり、どんぐりと同じ大きさの鈴、透明カップ、発泡容器、穴あけ用具(千枚通しまたはカルコ、鉛筆、油性フェルトペン)、木工用接着剤、セロハンテープ、ビニールテープやフェルトペン

年齢 作るのは **5**歳～　遊ぶのは **3**歳～

コロコロどんぐり

何度でもどんぐりを転がしたくなるコロコロどんぐり。
ちゃんとゴールに落ちるかな？

おもちゃで遊ぼう

遊び方

牛乳パックの上からどんぐりを転がして遊びましょう。

作り方

❶ 牛乳パックを半分に切り、両端も切り取り、補強を付ける。

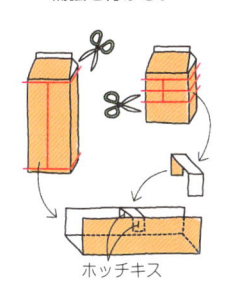

ホッチキス

❷ 切った牛乳パックを段ボールにはり付ける。

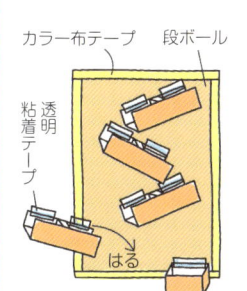

カラー布テープ　段ボール
透明粘着テープ
はる

❸ 色画用紙などで飾りを付けたり、好きな絵を描いたりする。

用意するもの

段ボール、牛乳パック(1000ml)、カラー布テープ、ビニールテープ、透明粘着テープ、色画用紙、フェルトペン、ハサミ、ホッチキス、どんぐり

おもちゃで遊ぼう

年齢 作るのは **4**歳〜 遊ぶのは **3**歳〜

どんぐりボウリング

同じ大きさのどんぐりがいくつか集まったら
どんぐりボウリングができますよ。

遊び終わったら、畳んでふたができるすぐれもの！

作り方

① 牛乳パックを半分に切り、図のように組み合わせる。

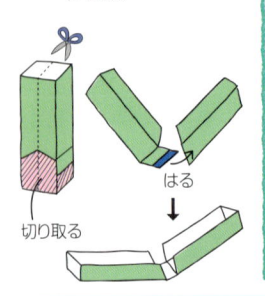

はる
切り取る

② 牛乳パックを下図のような形にして、①に付けてビー玉を止める装置を作る。

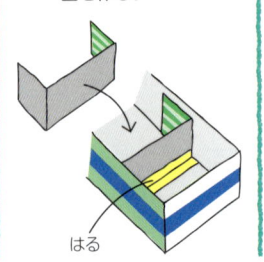

はる

遊び方

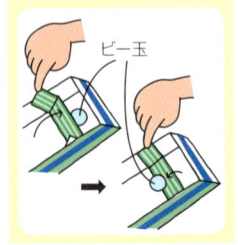

ビー玉

どんぐりを並べ、牛乳パックの片方を傾け、そこからビー玉を図のように転がす。

用意するもの どんぐり、ビー玉、牛乳パック(1000ml)、ビニールテープ、ハサミ

年齢 作るのは**5**歳〜 遊ぶのは**3**歳〜

どんぐり迷路

段ボールを使っていろいろな形の迷路を作りましょう。
迷路の形を変えて変身迷路もできるよ！

おもちゃで遊ぼう

(作り方)

クルクル迷路

空き箱の高さと同じ幅の段ボールの帯を丸めるとクルクル迷路。

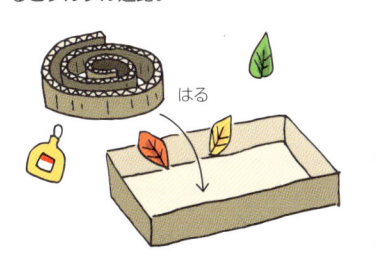

はる

変身迷路

段ボールに切れ目を入れ、差し込んでいくと変身迷路。

差し込む

木工用接着剤で付ける

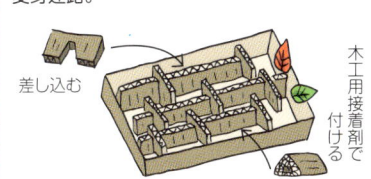

POINT 迷路の道に段ボールを巻いた突起を組み込むと、ぴょんと跳び越える３D迷路に変身するよ。

用意するもの　どんぐり、落ち葉、空き箱、段ボール、木工用接着剤、ハサミ、色画用紙

おもちゃで遊ぼう

年齢 作るのは **5**歳～ 遊ぶのは **3**歳～

ぺたんカー

どんぐりをタイヤに見たてて勢いよく走る
どんぐりカーを作りましょう。

作り方

❶ どんぐりのおしりにキリで穴をあけ、ストローに差し込んだ竹ひごに木工用接着剤を付けてどんぐりを固定する。

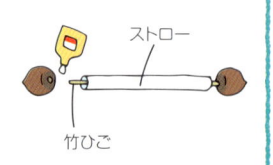

❷ 20cm×10cmの画用紙に①を巻き込んでセロハンテープで留める。

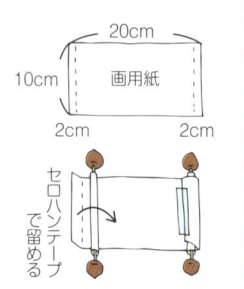

❸ 表面に好きな絵を描き、少しカーブを付け、切り込みを入れたりしてもおもしろい。

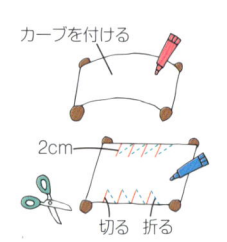

用意するもの どんぐり、画用紙、ストロー、竹ひご、ハサミ、キリ、木工用接着剤、セロハンテープ、フェルトペン

年齢 作るのは**4**歳〜 遊ぶのは**3**歳〜

クルキャッチ

どんぐりとボールと紙コップを使って
どんぐりをキャッチをする技を競ってみましょう。

おもちゃで遊ぼう

遊び方

ボールに入れたどんぐりをタイミングを見計らって紙コップの中に入れる遊び。うまくできるようになったらどんぐりの数を増やすなどいろいろな遊びを考えてみましょう。

作り方

❶ 紙コップを5cmくらいの高さに切って図のような形にする。

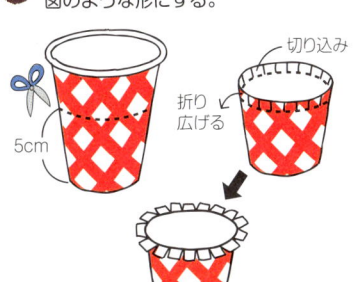

切り込み
折り広げる
5cm

❷ ボールの底に①をセロハンテープではり付ける。

セロハンテープではり付ける

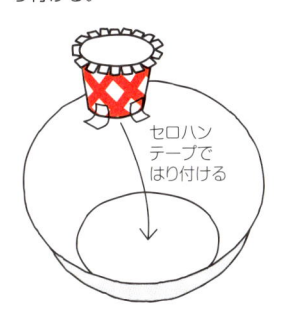

用意するもの どんぐり、ボール、紙コップ、ハサミ、セロハンテープ

おもちゃで遊ぼう

年齢 作るのは **4**歳〜 遊ぶのは **3**歳〜

立体コリント

**紙皿と紙コップを組み合わせて作る
立体コリントゲームで遊びましょう。**

遊び方

いちばん上の紙皿にどんぐりを置き、順にどんぐりを落としていきます。いちばん下まで落としたらOK。

作り方

❶ 紙コップの底を切り、上下に8本切り込みを入れ、4本だけ残す。

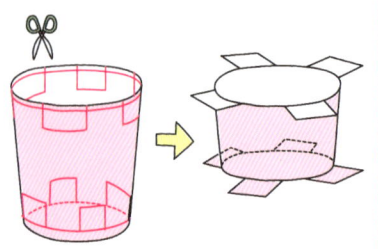

POINT 上下の切り込みが交互になるように切り取るとじょうぶになる。

❷ 模様を描いた紙皿にクラフトパンチで穴をあけ、①の紙コップと組み合わせる。

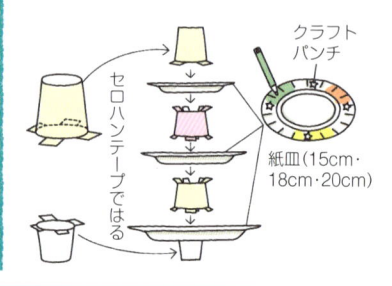

クラフトパンチ
セロハンテープではる
紙皿(15cm・18cm・20cm)

用意するもの

どんぐり、紙コップ、ハサミ、紙皿、油性フェルトペン、セロハンテープまたは木工用接着剤、クラフトパンチ

年齢 作るのは **4**歳〜　遊ぶのは **3**歳〜

ゆらゆらどんぐりタワー

おもちゃで遊ぼう

そーっとそーっとどんぐりを乗せて…
ゆらゆら揺れるどんぐりタワーを攻略できるかな？

遊び方

倒れないよう、どんぐりを紙皿の周囲に交代で置いていきます。倒れたら負け。

作り方

❶ 同じ直径の紙皿の裏面に模様を描き、表面同士をはり合わせホッチキスで留める。

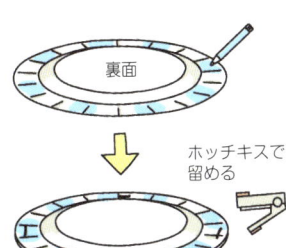

裏面

ホッチキスで留める

❷ ①の紙皿とゼリーカップを組み合わせる。

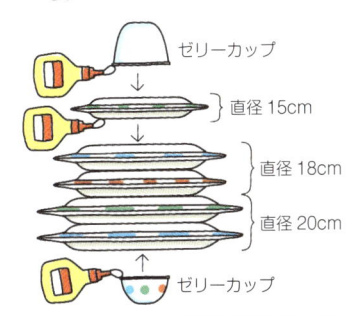

ゼリーカップ
直径15cm
直径18cm
直径20cm
ゼリーカップ

用意するもの

どんぐり、紙皿、フェルトペン、ホッチキス、ゼリーカップ、両面テープまたは木工用接着剤

年齢 作るのは **4歳**〜　遊ぶのは **3歳**〜

キャッチぼっくり

段ボールの板を踏むとまつぼっくりがピョン！
君はうまくキャッチすることができるか！？

おもちゃで遊ぼう

作り方

❶ 段ボールに絵を描き、2枚重ねてセロハンテープで留める。

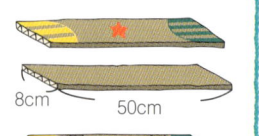

8cm　50cm

セロハンテープで
はり合わせる

❷ 段ボールの端に3cmの高さに切った紙コップをはる。裏側に電池をクラフトテープで留める。

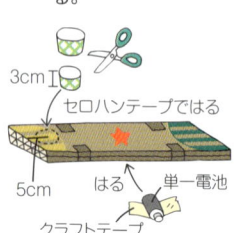

3cm
セロハンテープではる
5cm　はる　単一電池
クラフトテープ

えい！　うまくキャッチできるかな？

遊び方

紙コップにまつぼっくりを置き、段ボールの反対側を足で強く踏むとまつぼっくりがぴょんと跳びだすよ。どんぐりでもできるよ。

用意するもの　まつぼっくり、段ボール（8cm×50cm）、セロハンテープ、電池または紙筒、紙コップ、クラフトテープ、ハサミ、油性フェルトペン

年齢 作るのは **4**歳〜 遊ぶのは **3**歳〜

ぼっくりけん玉

まつぼっくりのおもしろけん玉を作りましょう。
何回ついて穴の中に入れられるかチャレンジ！

おもちゃで遊ぼう

遊び方

ぼっくりけん玉をうまく動かして、段ボールでまつぼっくりをついてから穴の中に入れます。

作り方

❶ 段ボールの真ん中に8㎝×8㎝の穴をあける。

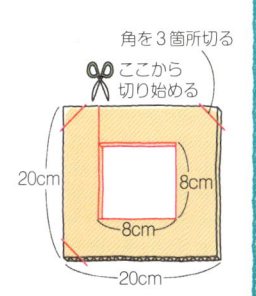

- 角を3箇所切る
- ここから切り始める
- 20cm
- 8cm
- 8cm
- 20cm

❷ たこ糸で段ボールとまつぼっくりをつなぐ。

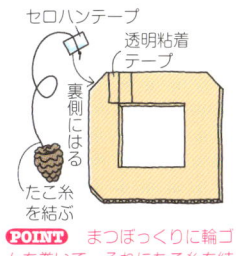

- セロハンテープ
- 透明粘着テープ
- 裏側にはる
- たこ糸を結ぶ

POINT まつぼっくりに輪ゴムを巻いて、それにたこ糸を結んでもOK。

❸ 段ボールに好きな絵や模様を描いたりシールで飾り付ければでき上がり。

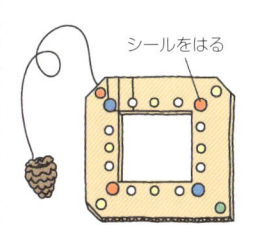

- シールをはる

用意するもの

まつぼっくり、段ボール（20㎝×20㎝）、透明粘着テープ、セロハンテープ、たこ糸(約60㎝)、ハサミ、油性フェルトペンやシール

おもちゃで遊ぼう

年齢 作るのは**4**歳〜 遊ぶのは**3**歳〜

ぼっくり釣り

よく釣れる釣りざおで
ぼっくり釣りチャンピオンを目ざそう！

名人の釣りざお

大漁釣りざお

遊び方

床にまつぼっくりをばらまき、釣りざおでまつぼっくりを釣りましょう。釣ったものはバケツに入れて数を競っても楽しい。

作り方

まつぼっくりにモールを巻き付けフックが引っかけられる輪を作る。

モール

POINT 結束バンドやツイストタイ、ゼムクリップを曲げて付けてもOK。

名人の釣りざお

玉結びにした糸をフックで挟み、竹ひごにくくり付ける。竹ひごにビニールテープを巻くと安全＋きれい。

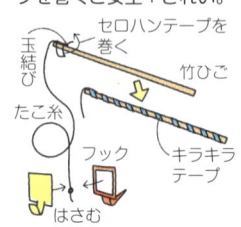

玉結び
セロハンテープを巻く
竹ひご
たこ糸
フック
キラキラテープ
はさむ

大漁釣りざお

端を切ったツイストタイに糸を結び付け、反対側の糸に割ばしを輪ゴムで付ける。

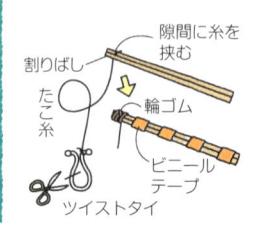

隙間に糸を挟む
割りばし
たこ糸
輪ゴム
ビニールテープ
ツイストタイ

用意するもの まつぼっくり、モール、割りばし、竹ひご、たこ糸、セロハンテープ、フック、ツイストタイ、ハサミ、輪ゴム、ビニールテープ、キラキラテープ

94

年齢 作るのは **4**歳〜 遊ぶのは **4**歳〜

落ち葉ジャイロ

きれいな落ち葉を組み合わせて、
秋の色の混色を楽しみましょう。

おもちゃで遊ぼう

遊び方

両手で糸を持ちながらジャイロを数回回し、糸を左右に勢いよく引っ張る、縮める、を繰り返すとぶんぶんごまに。

作り方

❶ 工作用紙を4枚重ねてのりなどではる。

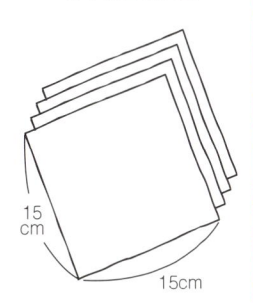

15cm
15cm

❷ 対角線の交点から0.5cmのところに2個の穴をあけ、ストローで持ち手を付けたたこ糸を通す。

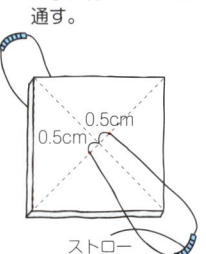

0.5cm
0.5cm
ストロー

❸ 落ち葉をできるだけ左右対称になるようにのりでしっかりはり付ける。

はる

用意するもの

工作用紙(15cm×15cm)、のりまたはセロハンテープ、千枚通しまたはカルコ、ストロー、ハサミ、たこ糸(1m)、落ち葉(カラーコピーでも可)

おもちゃで遊ぼう

年齢 作るのは **4**歳〜 遊ぶのは **3**歳〜

落ち葉万華鏡

きれいな落ち葉を入れて何度でも見たくなる
秋のカラフル万華鏡を作りましょう。

のぞいてみると…赤・黄・緑
の落ち葉がとってもきれい！

作り方

万華鏡のカラーチップを入れるケースに、
できるだけ薄くてきれいな落ち葉（1㎝く
らい）を入れると完成。

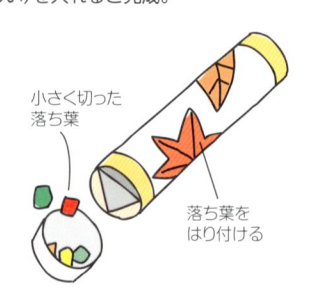

小さく切った
落ち葉

落ち葉を
はり付ける

市販の万華鏡でも

万華鏡のケースを外し、代わりに半透明
カップと透明カップを使用してもできる。

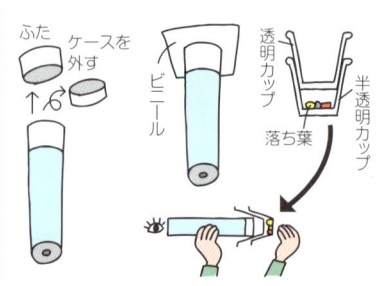

ふた　ケースを外す

ビニール

透明カップ
半透明カップ
落ち葉

用意するもの 落ち葉、万華鏡キット（市販されているもの）
市販の万華鏡、半透明カップ、透明カップ、ビニール、輪ゴム、ドライバー

年齢 作るのは **4**歳～ 遊ぶのは **3**歳～

落ち葉de絵合わせ

同じ形や似た色の落ち葉で
絵合わせを楽しみましょう。

おもちゃで遊ぼう

作り方

❶ 同じ大きさに切った色画用紙の片面に同じ形や色の落ち葉をはる。

落ち葉

❷ ①をラミネートシートに挟み、ラミネート加工をする。

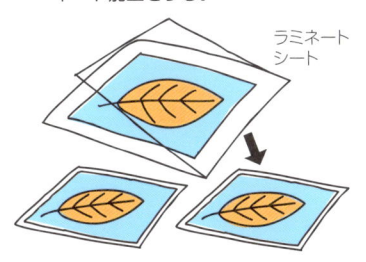

ラミネートシート

POINT ラミネート加工の代わりに木工用接着剤で直接はり付けてもいいよ。

用意するもの 同じ形や色の落ち葉を2枚1組で5組から10組、色画用紙、セロハンテープ、ラミネートシート、ラミネーター

97

おもちゃで遊ぼう

年齢 作るのは **5歳〜** 遊ぶのは **4歳〜**

ドキドキすごろく

君を待っているのはどんな運命か？
落ち葉とどんぐりのすごろくで思い切りドキドキしよう！

🚩 作り方

すごろく

❶ 厚紙に色画用紙をカラークラフトテープではり、土台を作る。

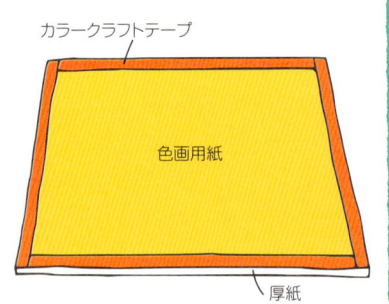

- カラークラフトテープ
- 色画用紙
- 厚紙

❷ ラミネートした落ち葉、こすり出しや色紙で作った葉っぱを①にはる。

- ラミネートした落ち葉
- 色紙で作った葉っぱ
- こすり出しした葉っぱ
- はる

用意するもの 厚紙、色画用紙、カラークラフトテープ、セロハンテープや両面テープ、落ち葉、色紙、ハサミ、ラミネートシート、ラミネーター、色鉛筆

運命の分かれ道

運命の分かれ道を通り抜けてどちらの道に進むことになるかな？

入り口にコマを置きます。

牛乳パックを傾けて…

出てきたほうの道へ！

おもちゃで遊ぼう

(作り方)

運命の分かれ道

❶ 両端を切った牛乳パックの中にミニゼリーカップを両面テープではる。

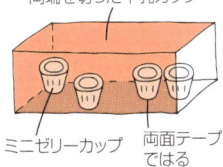

両端を切った牛乳カップ

ミニゼリーカップ　両面テープではる

❷ 分かれ道の前にセロハンテープで片方だけはる。

分かれ道の前にセロハンテープではる（反対側ははらない）

用意するもの 牛乳パック、ハサミ、ミニゼリーカップ、両面テープ、セロハンテープ

コマ

色付き粘土にどんぐりを乗せて顔を描くとでき上がり。

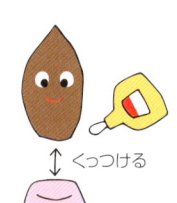

↑くっつける

用意するもの 色付き紙粘土、どんぐり、木工用接着剤、修正液、ポスカ

ルーレットいろいろ

どんぐりを生かしたいろいろなルーレットを作りましょう

ルーレットA
3～6個のどんぐりを上から落として赤い丸の中に入ったものがサイコロの目の数。

ルーレットB
1個のどんぐりを発泡容器の少し上から落とし、緑なら3、黄なら2などのルールを決めます。

ルーレットC
どんぐりを指ではじいてくるくる回します。どんぐりの先が止まったところの指示に従いましょう。

作り方

ルーレットA
直径20cmの紙皿に直径5cmの色紙をはる。

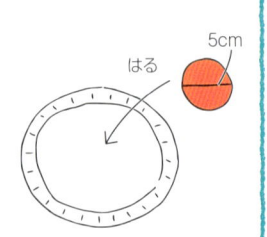

ルーレットB
直径20cm・18cm・15cmの紙皿を重ねてはり合わせ、上に発泡容器を付ける。

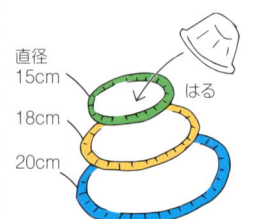

ルーレットC
どんぐりにつまようじが自由に動くくらいの穴をあけ、発泡容器に留めたつまようじに差す。

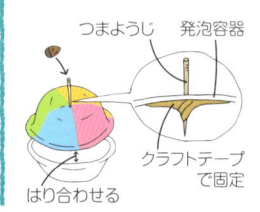

用意するもの　どんぐり、紙皿、色紙、発泡容器、つまようじ、キリ、クラフトテープ、木工用接着剤、ハサミ、フェルトペン

その場で遊ぼう

どんぐりや落ち葉を使って、
準備なしでその場ですぐにできる遊びを
紹介します。

園庭

どんぐり着地ゲーム
地面に○や◎などを描き、立った位置からどんぐりを落とし、円の中に入れよう。落ち葉でやってもおもしろい

落ち葉飛ばし
どんな葉がどんなふうに落ちるかやってみよう

落ち葉じゃんけん
落ち葉じゃんけんじゃんけんぽん！ グーチョキパーの形の落ち葉でじゃんけんしよう

落ち葉かけっこ
風のあるときに安全な場所で落ち葉とかけっこしよう

どんぐりつき
手の平でどんぐりを何回つけるかな？ 慣れたら手の甲でもチャレンジ！

大きさ比べ
どんぐりの大きさを比べてみよう

森

落ち葉キャッチ

きみは何枚取れるかな？慣れたら2枚や3枚取りに挑戦。上達したら、2種類の落ち葉が混ざっている中から1種類の落ち葉を選び取る、形取りなどにもチャレンジ！

落ち葉シャワー

きれいな落ち葉を両手いっぱいに取り、落ち葉をほうり投げて、落ち葉シャワーを楽しもう

どんぐりどーっちだ？

右手左手どちらにどんぐりが入っているかな。手の中にどんぐりがいくつ入っているかも当ててみよう

じゃらじゃらどんぐり
両手にどんぐりを入れて音を聞いてみよう

落ち葉つみつみ競争
落ち葉を慎重に積み上げて、高さの高いほうの勝ち！

どんぐり探し
どんぐりの種類や何個集めるかなど、条件を出してどんぐり探しをしよう

広場

どんぐり当て
袋の中に3〜5種類のどんぐりを入れ、その中から同じ種類のどんぐりを探すゲーム

落ち葉マジック
カラカラになった落ち葉を手に、呪文を唱えると…落ち葉がなくなった！
(バラバラにして消す)

どんぐりサバイバルゲーム
円の中に入り、どんぐりを指ではじいて相手に当てよう。相手の攻撃をかいくぐり、きみは生き残れるか!?

どんぐり隠し

どんぐりどんぐりどこにある？ 落ち葉の下に隠したどんぐりを探そう。

どんぐりのせのせ競争

落ち葉にどんぐりをいくつ乗せられるかな？

どんぐり仲間合わせ

4～5種類のどんぐりを探し、落ち葉をかぶせ、落ち葉の下にある同じどんぐりの形をそろえよう。帽子あり、なしを加えても楽しい

並木道

落ち葉踏み
落ち葉を踏んで感触や音を聞いてみよう

的当てどんぐり
地面に置いたどんぐりにねらいを定めて、どんぐりを落とそう。落とす高さが高いほど難易度アップ!

落ち葉どんぐり競争
落ち葉の上にどんぐりを乗せて競争しよう。落ち葉の軸をつかんでよーいドン!

作品展に生かす ヒント＆ポイント

どんぐり、落ち葉、まつぼっくりを使って
たくさん製作したり遊んだりした後には、
それを作品展にも生かしてみましょう。
ここでは、ステキな作品展を作り上げるための
ヒントやポイントを紹介します。

hint & Point

作品展を成功させるために

作品展成功のための4箇条

1 作品展・イベントの目的がはっきりわかるタイトルを付ける

作品展やイベントを進めるにあたって、その作品展またはイベントの目的や内容を明確にしたタイトルを付けましょう。「秋の作品展―どんぐり・落ち葉を生かして―」「○○保育園　秋の製作教室＆作品展」など。

2 みる、する、よむ、きくなどの要素が入ったアクティブな運営に

作品展だからといって、作品を静かに観るだけでは鑑賞者(保護者など)は退屈してしまいます。作品展には、①みる要素、②する要素、③よむ要素、④きく要素などの4つを効果的に織り交ぜましょう。できれば、⑤おみやげなど＋αの要素を入れられれば作品展はさらにアクティブなものになります。(右ページのチェック項目参照)

3 個々の子どものよさが伝わるような工夫を

作品展は、個々の子どもの表現のすばらしさや成長のようすを伝えることが大切です。展示にあたっては、鑑賞者に子どもの作品を比較させるような展示ではなく、個々の子どもの作品のよさ、集団での製作のおもしろさや迫力が伝わるような見せ方を考えましょう。

4 トライアングルバランスを意識する

トライアングルバランスとは、子どももうれしい、親もうれしい、そして、やっていて保育者も楽しくなるようなバランスの取れた作品展のことです。三者にとって楽しくバランスの取れた作品展を考えましょう。

ここでは作品展を成功させるための4箇条とチェック項目についてまとめています。また次のページからは、4つのテーマの作品展について、それぞれイラストとポイント解説を載せています。作品展を企画するときの参考にしてください。

アクティブ作品展のための**チェック項目**

1 みる要素

- 動きのある展示になっているか？　壁面のみを使うなど平面ではなく、空間を意識した展示を。
- 作品を縦横一列に並べていないか？　また作品と作品の間の空間は十分か？　子どもを比較するような見せ方はしないように。
- 作品だけでなく、どんぐり拾いや製作過程のようすを写真展示するなどの工夫がされているか？

2 する要素

- 時間のかかるものだけに偏っていないか？　簡単にできるもの、たくさんの人が取り組めるようなものなどを準備する。
- 安全面の配慮は万全か？　道具類の収納場所が箱などで明確に表示されているか。
- 作業スペースや運動スペースは十分に安全が確保されているか？

3 よむ要素

- 展示の文字は高齢者の方でも読める大きな文字か？　内容は簡潔か？
- 絵や図が効果的に使われているか？　また、併せて実物の展示もされているか？
- 鑑賞者へのパンフレット(展示の内容説明、スタンプラリー　など)の準備はできているか？

4 きく要素

- 説明内容のポイントは明確か？　何を重点的に観てもらいたいか、伝えたいかを簡潔にまとめる。
- 子どもガイドはいるか？　ガイドの仕事内容（簡単な説明、スタンプ押し　など）は適当か？
- 解説者のいないところでは、カセットテープなどでの解説やBGMなどへの配慮はあるか？

5 おみやげなど + αの要素

- 簡単なおみやげ(子どものありがとうカード、どんぐりプレゼント　など)があるとgood！
- 作品展会場の出口部分で感想文を書いてもらうと、終わった後で振り返る楽しさがある。
- 入り口で鑑賞者に評価カードを配り、作品の前にボックスを設け、評価カードを入れてもらうと励みになる。

子どもの作品を集めて見せる！
ダイナミック作品展

POINT 2

POINT 3

POINT 1

空き箱や段ボールなど量感のある素材を使って、
子どもの小さな作品を主役にしたり、
子どもの落ち葉遊びを組み合わせたりすると、
あっと驚くダイナミックな集合製作の作品展になります。

ありがとう
またきてね

POINT 4

POINT 1

次の見開きページにポイント解説があります。➡

ダイナミック作品展 のポイント

POINT 1　空間を生かす工夫

個々の作品はいくつかをまとめて

子どもの作品は、布(麻など)で掛け軸を作って天井からいくつもぶら下げ、ダイナミックで空間を感じさせるような展示をしてみましょう。
お面などは風船に付けて高さを変えて天井からぶら下げてみてもおもしろいです。

上から見ると
高低もいろいろ
作品のジャングルに入り込んだみたい!

POINT 2　子どもの作品を大きく見せる工夫

小さな作品を主役級に

アクセサリーなど小さな作品は、段ボールや厚紙を効果的に生かして大きく見せるようにしましょう。例えば、段ボールや厚紙で自分人形を作ってアクセサリーなどを付けるとよいでしょう。

- 画用紙で顔や手足を付ける
- 段ボール箱
- アクセサリーを付ける
- イスに座らせたり自分人形の上に乗せたり
- 厚紙で体のパーツを作る
- パンチで穴をあけ、割りピンで留める
- アクセサリーを付ける

自分人形は、組み合わせた段ボールに座らせたり、肩車をさせたり、互いに遊んでいるなどのストーリー性を持たせた演出をしてみましょう。

POINT 3　いろいろな方向から鑑賞できる工夫

中心となる作品を中央に配置する

落ち葉恐竜などの中心になる作品は、一方向からだけではなく、いろいろな方向からも鑑賞できるような展示を考えましょう。

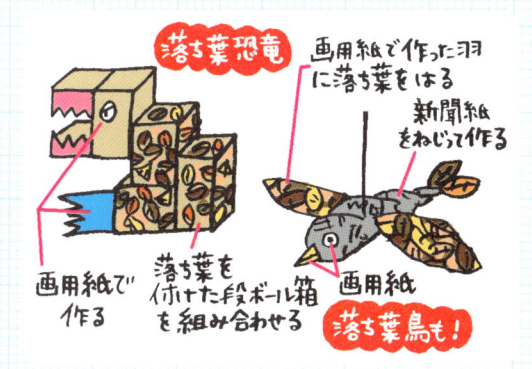

- 落ち葉恐竜
- 画用紙で作った羽に落ち葉をはる
- 新聞紙をねじって作る
- 画用紙で作る
- 落ち葉を貼付けた段ボール箱を組み合わせる
- 画用紙
- 落ち葉鳥も！

POINT 4　記念写真の撮れる工夫

目に留まる演出を心がける

作品展の思い出に「記念写真コーナー」などを設け、段ボールや厚紙を使ったどんぐりぼうやのような、おもしろかぶりものなどを作ってみましょう。

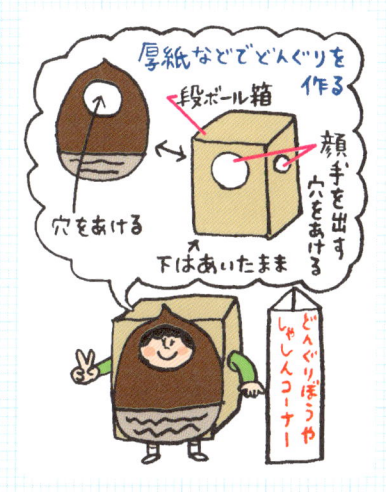

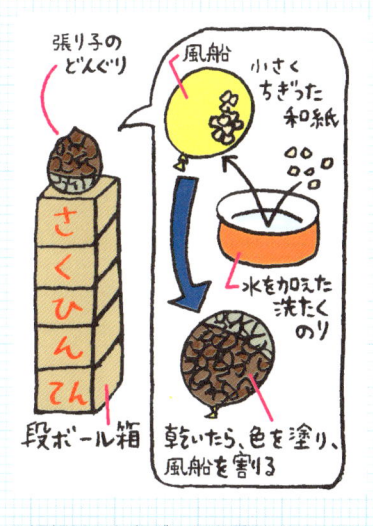

- 厚紙などでどんぐりを作る
- 段ボール箱
- 穴をあける
- 顔や手を出す穴をあける
- 下はあいたまま
- どんぐりぼうやしゃしんコーナー

- 張り子のどんぐり
- 風船
- 小さくちぎった和紙
- さくひんてん
- 段ボール箱
- 水を加えた洗たくのり
- 乾いたら、色を塗り、風船を割る

入退場門にも段ボールを重ね、てっぺんに風船と和紙で作った張り子のどんぐりを飾るなど、作品展に来た人が思わず写真を撮りたくなるような工夫を凝らしましょう。

遊びの広がりを知的に見せる！
ミュージアム作品展

どんぐり拾いの写真展

POINT 1

どんぐりあてクイズコーナー

どんぐり博士

POINT 2

落ち葉アート

POINT 3

どんぐり拾いや製作のプロセス、どんぐりなどの図鑑的な要素を
写真や図を使って広がりのある展示にすると、
知的でスマートなミュージアム作品展が演出できます。

ミュージアム作品展のポイント

POINT 1　図や写真、実物を効果的に利用する工夫

どんぐりのふしぎ図鑑

ミュージアム展で使ったどんぐりの実物を触ることができるように準備します。その上に、どんぐりの紹介を図鑑的にまとめた説明を掲示しましょう。図鑑の内容は、どんぐりの名前、葉っぱの形、生育地などを調べてまとめます。時間のあるときは子どもたちの手作りで、時間が取れないときは保育者が作成しましょう。

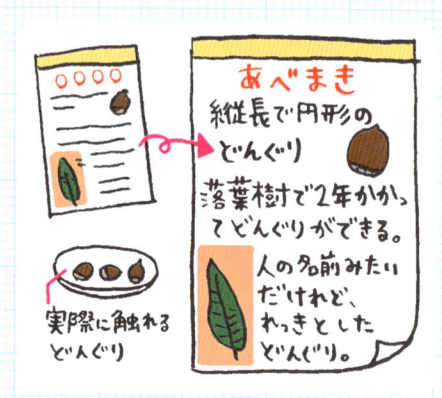

どんぐりあてクイズ

数種類のどんぐりを箱に混ぜて入れ、ぐるぐるかき混ぜて感触を味わうとともに、ひとつ手に取ったどんぐりがどのどんぐりか当てっこをするコーナーを設けてみても楽しめます。

どんぐり拾い写真展

子どもたちのどんぐり拾いのようすを写真に収め、A4くらいの大きさにプリントしてどんぐり拾い写真展をしてみましょう。デジカメで撮ったものをパソコンに取り込み順番に画像が変わる（スライドショー）ようにしても効果的です。

POINT 2　作品がステキに見える展示の工夫

形の変えられる展示版（可変展示板）

大型冷蔵庫の段ボール箱などを集め、クラフトテープでつないで会場のスペースに合わせた効果的な形状の展示板を作成しましょう。一直線につないでジグザグ、H型につないで変形させる、星形…など、スペースや展示内容によっていろいろな形状を考えましょう。

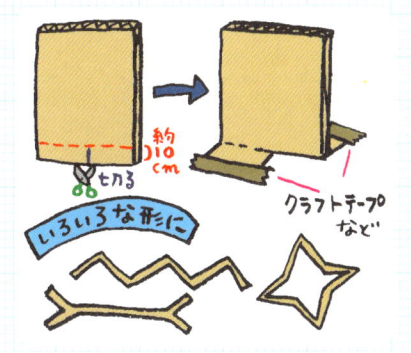

POINT 3　子どもの作品を大切にした展示の工夫

ただ机の上に置くのではなく

平面作品の展示

作品が映えるような色画用紙の台紙を付けるなどします。形や色を変えたり、台紙の縁をピンキングバサミで切ったり、作品をジグザグに展示したりして、展示会場をカラフルで動的なものに。

小さな作品の展示

直接作品に触れるのではなく、四角柱、円柱に立てた段ボールの中に作品を入れ、作品に照明が当たるようにしてのぞき穴をあけ、そこから作品を鑑賞するようにすると神秘的な展示になります。

立体作品の展示

作品の下に色紙や和紙を敷くと作品が映えます。机の上に暗幕を掛けると、高級感のある展示を演出することができます。

※展示台については、P.123のPOINT 2『高級感のある展示台』を参照してください。

製作の楽しさを共有してもらおう！
製作体験作品展

POINT 2

落ち葉のステンドグラス

どんぐり博士

POINT 1

見学に来た保護者に作品作りなどのワークショップに参加してもらい、
子どもと共有体験をしてもらうことで、
子どもの作品の値打ちやもの作りの楽しさが効果的に伝わる作品展になります。

製作体験作品展のポイント

POINT 1 製作コーナーの効果的な活用の工夫

子どもアシスタントを配置する

製作コーナーにはそれぞれ、子どもたちをミニ指導員として位置づけ、責任感を持って製作の説明をしてもらうようにしましょう。キリなどの危険度の高い道具を使うときには必ず保育者が補助者として安全に配慮します。

バランスよく変化のある製作コーナーに

製作は、すぐできるもの、2〜3分でできるもの(最長でも5分をめどに)など時間的な長短をバランスよく織り交ぜ、できるだけたくさんの参加者が作れるようにしましょう。また製作の内容は、同じ種類のものではなく、遊べるもの、飾れるもの、創作するものなど変化のある内容で構成するようにしましょう。

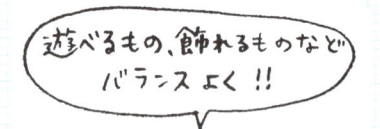

安全面の確保

製作では安全面に配慮し、前後左右に十分な空間を確保しましょう。机の上にいくつかの空き箱を両面テープで固定し、道具を使い終わったらすぐに箱に入れるようにするなど、ルールを決めるようにしましょう。

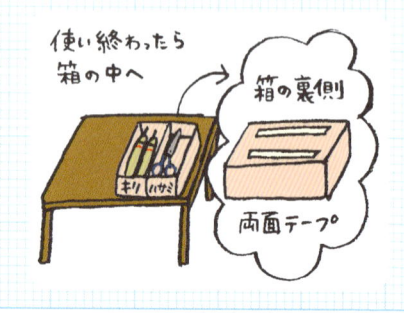

POINT 2 　空間や平面を生かした展示の工夫

天井や壁面を生かした展示

製作体験スペースは安全面を考えると意外に広いスペースが必要です。限られたスペースなのでメインの作品以外は、展示に壁面や天井を効果的に使いましょう。

高級感のある展示台

机もそのまま使うのではなく、机の上に箱などを置いて凹凸を付けたり、段ボールと組み合わせて、弧状やL字型などいろいろな形を作ってみましょう。その上に暗幕をかぶせると、立体的で変化があり、高級感漂う展示になります。

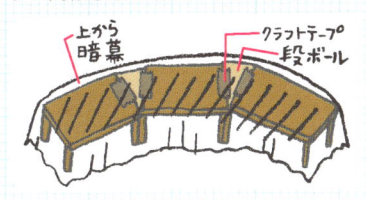

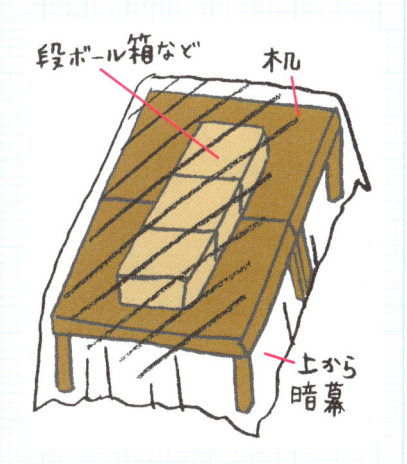

床も展示スペース

たくさんの落ち葉があったら、段ボールなどで囲いをして床にまくなど工夫しましょう。カラーコピーした落ち葉を床に敷き、透明のビニールシートをかぶせても雰囲気が出ます。

どんぐりで遊びつくす！
ゲーム作品展

どんぐりゲームコーナー

3かいめ!!

えいっ

秋の実りを生かして、ゲーム作品展にすることで、
気持ちも盛り上がり、当日は子どもも大人も大ハッスルできます。
スタンプラリーにしたり、スコアーを付けて競争したりすると、
みんなで楽しく遊べます。

感覚あそびコーナー

ゲーム作品展のポイント

POINT 1　効率よく進めるための工夫

ゲーム時間・回数の限定

ゲームは、間延びすることのないように、またみんなができるように、1人1回または1分以内などのルールを決めて運営しましょう。

人気のゲームは複数箇所設置

人気のゲーム、時間がかかるゲームはできるだけ2箇所以上の設置をおすすめします。

スタンプラリー

1回終われば次の遊びに移るようにスタンプラリー形式にするなど工夫しましょう。ひと回りしたら再度好きな遊びができる（※ただし1回目の子どもが優先）などルールを決めましょう。

POINT 2　ゲーム遊びが盛り上がる工夫

感覚遊び・運遊び・競う遊びを組み合わせる

遊びは、感覚的な遊び(かきまぜどんぐり　など)、運の遊び(すごろく　など)、技術を競う遊び(キャッチぼっくり　など)を織り交ぜて企画しましょう。

感覚遊び	時間制にしましょう。感覚遊びは楽しくて気持ちが良くなるようなものに。
運遊び	どのような方向にいっても楽しさを損なわないような展開に。
技術を競う遊び	年齢を考慮して難易度を変えて楽しく遊べるように。

ゲームに難易度を設定する

年齢や発達によってゲームの難易度を変えましょう。例えば、5歳児の場合は、飛ばす位置を遠くする、点数を下げるなど。

スコアーシート

ゲームが白熱するように、ゲームの点数や回数を書き込めるスコアーシートを準備しましょう。

子ども審判をつける

ゲーム遊びには子ども審判を配置しましょう。子ども審判員は、一定の時間でゲームを代わったり、ゲームに参加できるようにローテーションを組んだりすることを忘れずに。

おもしろ評価を付ける

ゲームで取った点数によっておもしろ評価(○点→達人、○点→名人、○点→天才…など)を考えるとさらに盛り上がります。

著者●竹井 史

1959年大阪生まれ。
神戸大学大学院教育学研究科修了。
富山大学人間発達科学部教授、愛知教育大学教育学部創造科学系教授等を経て、現在、同志社女子大学 現代社会学部現代こども学科教授。専門は美術教育、幼児教育（造形・遊び）。これまでに、地域住民参加のイベントを15年間企画し、7万人以上の親子とふれあう。

主な著書

『自然素材を生かした造形活動』
明治図書、共編著(2003)

『伝承おもしろおもちゃ事典』
明治図書(2003)

『絵画・製作・造形あそび指導百科』
ひかりのくに、共著(2005)

『作って遊ぼう リサイクル工作』
メイト(2005)

『製作あそび百科』
ひかりのくに(2006)

『幼稚園教諭 はじめの3年間QA事典』
明治図書、編著(2008)

『ぬりえの不思議』
ぎょうせい、共著(2010) など

STAFF

★製作
mina.
なつよ
藤沢しのぶ
中村展子
mai
竹井史

★イラスト
近藤由香
早原りさこ(Office446)
イマイフミ
藤沢しのぶ
中村展子
ニシハマカオリ
常永美弥

★写真
佐久間秀樹(アサヒフォトスタジオ)
飯村茂樹
KST・クリエイションズ

★本文レイアウト
柳田尚美(N/Y graphics)

★企画・編集
岡本舞・安藤憲志

★校正
堀田浩之

ハッピー保育books⑧

どんぐり・落ち葉・まつぼっくり 製作BOOK

2010年11月 初版発行
2022年8月 第9版発行

著　者　竹井 史
発行人　岡本 功
発行所　ひかりのくに株式会社

〒543-0001　大阪市天王寺区上本町3-2-14　郵便振替 00920-2-118855　TEL 06-6768-1155
〒175-0082　東京都板橋区高島平6-1-1　郵便振替 00150-0-30666　TEL 03-3979-3112
ホームページアドレス　https://www.hikarinokuni.co.jp

製版所　近土写真製版株式会社
印刷所　熨斗秀興堂

©2010　乱丁、落丁はお取り替えいたします。

本書のコピー、スキャン、デジタル化等の無断複製は著作権法上での例外を除き禁じられています。本書を代行業者等の第三者に依頼してスキャンやデジタル化することは、たとえ個人や家庭内の利用であっても著作権法上認められておりません。

Printed in Japan
ISBN978-4-564-60769-1
NDC376　128p　18×13cm